因果，怎麼一回事？

釋見介 著

目錄

見山不是山——因與果之間　50

是誰多事種芭蕉——非因計因 100

看見花開花落——正見因果 166

【作者序】

別誤會因果——從星座談起

談到「因果」，很多人的反應可能是擺擺手，表示不感興趣；也有人避之唯恐不及，一副「拜託！拜託！別問我」的樣子；甚至更有些人不屑一顧：「這迷信的玩意兒你也信！」還有人乾脆直接說：「我不喜歡談論因果這方面的話題，因爲太宿命論了！」可能他也會反問你：「我爲什麼要了解因果呢？那是佛教徒的信仰，和我有什麼關係？」

但是，一旦這主題是「星座」時，情況可就大不相同了。再怎麼陌生的人也能立刻搭上線，「什麼？你是水瓶座？我也是耶！」「你幫我看看我和女朋友的星座合不合？」「我就說嘛！他一定是金牛座，你看他動作那麼慢！」如果這時遇到的是經驗老到的星星王子或星星夫人，許多認爲因果是宿命論、迷信的人，也都會紛紛說：「你看雙魚座的人這週運勢如何？我就是雙魚座啦！」「你看我這種雙子座的人適合從事什麼行業？」

這實在是一個很有趣的現象。我們很喜歡談論星座，願意相信星座所決定的性格與命運，卻不願去談論任何與「因果」有關的課題。

爲什麼人們喜歡談星座？難道星座不宿命、不迷信嗎？在某種程度上，它應該仍然未脫出宿命的範圍，因爲每個人一出生就已經決定了他是什麼星座，也決定他是什麼樣的人。儘管還有所謂的「月亮星座」、「上昇星座」等等其他的影響，但這些都是先天就決定的。你說這是不是「宿命」呢？

可是大家都喜歡談論星座，星座可以解釋某個人爲何一絲不苟，原來她是處女座；那個人爲何熱愛自由，原來他是射手座。而面對獅子座的人，你不要與他正面衝突，因爲他喜歡當王；碰到巨蟹座的人，不必強拉他出來玩，因爲他十足地戀家……。在星座的解釋中，可以爲我們解答與人交往時的困惑，同時也對自己與他人有更深刻的了解。

星座究竟是什麼？我個人認爲它是一種理則，一種可以解釋人「性格」與「命運」

的理則，大部分的人都喜歡在星座中一探究竟，可見我們都期望在人生中找到能解釋「性格」與「命運」的理則，藉此說明自己與他人的現況，進而指引未來。佛教所說的因果，其實也正是這樣的理則，它可以爲人生的種種現象，提出更合理、更圓滿的解釋，重要的是，「因果」一點也不宿命！

許多人都誤會、錯解了因果，把因果看成是宿命的、迷信的、令人感到束縛的，那是因爲我們絲毫不願去了解因果，只是道聽塗說、人云亦云地將它貼上各種負面的標籤；或者一知半解地以爲「因果」就是「善有善報、惡有惡報」、「勸人向善」的勵志格言；或者偏見地認爲「因果」不外乎是宗教用來嚇阻人不敢做壞事的教條罷了……，眞的是如此嗎？

「因果」，完整地說就是「因、緣、果」，從「因」到「果」之間，有一個重要的關鍵就是「緣」（條件）。「果」的產生，必須有許多因緣具足，才能成就，而各種因緣之間輾轉相依、相互影響，絕不是「一加一等於二」，如此機械性地把各種因素放在一起就可行的。因果是流動的，由於「緣」瞬息萬變，在果報未形成之前，仍有很大的改變空間，最終的結果充滿了無限的可能。

另一方面，正因爲眾緣和合才產生「果」，當我們要探究爲何會有如此結果時，就得觀照各個因緣的生滅，找出眞正的原因，千萬不要胡亂歸因，憑添許多不必要的煩惱。我們必須全面且深刻地觀察，才有可能對其中的因果了然於心。

這本《因果，怎麼一回事？》，討論了「因果存在與否」、「因與果之間的對應」、「非因計因」、「如何正確看待因果」等四類共三十個問題。對於「因果」這課題，我試著提出一些看法，期盼能彰顯出「因果」背後「緣起」理則的深刻意涵——因果不是單一、獨立存在的，也不是固定靜止的，而是多元的，是不斷變化、相互依存的。

若我們能正確認識因果緣起的法則，不僅在看待人生的種種現象時，不會把錯誤的原因當作正確的原因，更能看清楚自己的心念，獲得心靈的平靜。世間萬事萬物，包括自己的身心，都在不斷地生滅變化當中，但我們卻以爲在其中能夠找到永恆不變的事物，因而產生執著，才會有苦迫。

煩惱的生起既有其「因」，煩惱的止息也要從「因」著手，如《佛遺教經》說：「佛說苦諦，眞實是苦，不可令樂。集眞是因，更無異因。苦若滅者，即是因滅，因滅故果滅。滅苦之道，實是眞道，更無餘道。」這「四諦」——苦的現象（果）、苦的原因（因）、滅苦的境界（果）、滅苦的方法（因），也就是佛陀告訴我們能離苦得樂的究竟眞理。

深信、體解因果法則，並不是表示鼓勵人人都要信仰佛教或出家修行，而是希望每個人都能藉由觀照緣起，放下對外境與自我的執著，煩惱就會愈來愈減少，智慧也會愈來愈增長，而能在紛擾的世間找到一條安心之道。同時也能善觀因緣，積極地創造好因、好緣，不斷地引導自己向善、向上提升。

如果你想探尋人生的理則，不妨也來認識一下「因果」吧！

雲深不知處——
世上眞有因果嗎？

因果，一個古老的話題，人們對它的印象是迷信的，
對它的認識也是一知半解，可說是「雲深不知處」。
世間到底有沒有因果？因果真正的面目如何？
讓我們一起起身去探尋因果……

舍利弗的驚豔

是月亮從山頂初昇，還是星星在窗邊閃耀？

初見阿說示尊者的那一刻，舍利弗的心一下子明亮了起來。阿說示那莊嚴的威儀、安詳的舉止，彷彿星月交輝，世間的塵垢頓時消失無蹤。

「這位比丘多麼莊嚴啊！他一定是阿羅漢吧？」舍利弗想著，視線一刻也沒離開。

回想起自己在解脫道上的追尋，雖然與好友目犍連捨俗出家，在極短時間內，學會老師散若耶的全部教義。然而，「解脫」卻依然陌生而遙遠。於是，他們相約四處遊行，如果誰先獲得了「甘露勝道」，就要告訴對方。

眼前的比丘不疾不徐地走過，就如大雁飛過雲邊，也似和風吹過耳畔。什麼樣的老師能教導出如此不凡的弟子？他說的又是什麼「法」呢？一連串的問題自舍利弗心中湧出，腳也不由自主地跟隨前往。

等阿說示尊者托缽結束後，舍利弗上前問道：「朋友！您看起來如此清淨安詳，您是跟隨誰出家？誰是您的老師？您奉行誰的教誨？」

「朋友！有位釋迦族後裔出家的大沙門，我就是在他座下出家的，他是我的老師，我信奉他所說的法。」阿說示尊者說。

「那麼，您的老師教導什麼法呢？」舍利弗迫不及待地問著。

「一切法從因而生，一切法從因而滅，這生與滅的真理，便是佛陀所宣說的。」當阿說示尊者清晰地說完這些話，剎那間，舍利弗心中疑雲盡除，光明無限，他證得初果。

煩惱的息滅，不在於研究散若耶所教導的「不確定論」（任何事物都不能被定義），不在於禪定的無盡追求，而是必須如實觀察因緣，從找出煩惱的起因著手。智慧之門已開啟，身心的清涼自在涓涓流出，他知道這就是「甘露勝道」！

他歡喜地去找目犍連，分享所聽聞到的佛法，並一同啟程去見佛陀。

聽到「因果法則」的舍利弗，
撥開了修行的迷霧，成為佛陀「智慧第一」的弟子。
「因果法則」到底是什麼樣的理則，可以使人啟發智慧？
世上真的有「因果」這回事嗎？相信因果是不是等於信仰佛教了呢？

1

因果的說法是迷信的？

不同的鼓聲

西方諺語說：「當你發現有人和你的方向不同時，有可能是他聽到遠方不同的鼓聲。」

對於崇尚科技、科學的人來說，那些相信「因果報應」的人，是聽到不同的鼓聲嗎？在二十一世紀的今天，古老的因果之說，是舊時代傳來的鼓聲，迴盪著迷信的回音嗎？

不合乎科學就等於迷信？

一直以來，在許多人心目中，好像只要談到因果，便會直覺地認為它就是迷信。你再進一步問他為什麼會覺得因果是迷信的？答案不外乎是「不合乎科學」、「不合乎理性」、「不合乎邏輯」等等，而其中最常聽到的是認為因果「不科學」。

如果我們進一步追究，就會發現許多認為因果「不科學」的人，他們並不否認世間有因果關係的存在，也認同從因果關係觀察探討的這種方法；不過，對於善惡報應的因果課題，他們就會認爲這是不科學的，甚至貶抑爲迷信的說法。「因果報應」（正確地說是因緣果報）和科學所推論的因果一樣，同樣地可被看見、分析、證明，但用的不是儀器與量杯，而是用「心」。在科學家的實驗室中是證明不出來的，只有如實地觀察世間緣起，在人生的舞台、在自己的身心、在自己與他人、在個體與環境的關係中，才能看到一二。

佛法所認爲的生命現象，涵攝了更悠長的時間與更廣大的空間，所以，有些「因果報應」現象的開端、過程、結果，並非在我們有限的生命中就能一一理解，但其原則卻是絕對可以明白的，而有些「因果報應」則在當下就可以觀察得到。

立即相信即是迷信

至於「因緣果報」是否符合科學的問題，這牽涉到科學是否是你唯一認同的價值與判斷標準。世間有很多東西是科學無法解釋和解決的，科學同樣有它的侷限性。如果我們看待事情，是因它符合科學而深信不移、奉行不輟，或是因它不符合科學而嗤之以鼻或不屑一顧，便很容易陷入科學或非科學的思考泥淖之中，而無法看清事實的眞相。

在《噶拉瑪經》（*Kalama Sutta*）裡，佛陀說：

不可因爲口口相傳就信以爲眞；
不可因爲奉行傳統就信以爲眞；
不可因爲轟動一時、流傳廣遠就信以爲眞；
不可因爲引經據典就信以爲眞；
不可因爲合乎邏輯就信以爲眞；
不可因爲根據哲理就信以爲眞；
不可因爲引證常識就信以爲眞；
不可因爲符合先入爲主的觀念就信以爲眞；
不可因爲說者的威信就信以爲眞；
不可因爲他是導師就信以爲眞。

佛陀的這段話並非鼓勵我們成爲一個懷疑論者，而是提醒我們：任何的事物或道理，都必須經過自己的思惟、踐行、驗證才能相信，不論是聖人、權威者或經典、傳統、常識所說，如果我們立即相信就是迷信。相信「因果報應」是否就是迷信，這在於你看待它的態度；科學是否就不迷信，也在於你的態度。如果我們從來不自己思考、實踐與印證，那麼，我們可能一直都是迷信的人。

世間一切現象都是因緣和合

以前幾年喧騰一時的「隔空抓藥」來說，如果我們經過思惟便會發現，首先它「無中生有」、「無因而生」，就已不符合「此有故彼有，此生故彼生」的因果法則了。因爲「諸法不自生，亦不從他生，不共不無因」，任何現象或事物的形成，絕對不是來自於自己，也不是來自於某個外在的因素，更不是「一加一等於二」地把這兩者機械性地加起來便可行，當然更不可能是沒有任何要素就能產生，而是在各種因緣（條件）具足的情況下才能成就。

這也說明任何事物都不是永恆、獨立存在的，就如一朵花不可能會生長在空中一樣。當我們建立起因緣的觀念，就能粉碎許多虛幻的神蹟。

因理解、實踐而深信

眞正的信仰動力從何而來？它不是來自於神的召喚或傳道者的舌燦蓮花，而是透過自己的思惟、踐行、印證後所作的抉擇，而且願爲自己與他人生命的提昇，不斷努力。這樣的動力是堅固且清淨的，不會因時空或人爲、環境、現實等因素就輕易改變，也不會隨波逐流而盲目信仰。

佛法對「信」的解釋非常精闢，認爲「信」包含了四個層次：

一、**信順**——不預設立場，不摻雜任何主觀成見，以無私的清淨心爲基礎。

二、**信忍**——依此而進一步深刻地理解，獲得明確的正見。

三、**信求**——深刻理解後更能看清楚，信仰便會眞切，進而追求目標的實現。

四、**證信**——體證了眞理，證實自己的信仰眞實不虛，如此便無所疑惑。

佛教是理性且正信的宗教，因理解而深信，由深信而能踐行，而踐行後所得的印證，則更會加深信仰的深度與廣度。

因果是世間存在的眞實法則，所謂的「因果報應」也不是只有「善有善報，惡有惡報」如此而已，「因緣果報」的眞實面貌，遠比我們所想像與認知的還要深廣。佛經說：「法爾如是」，因果法則自然地運行著，「如影隨形，如應斯響」，回應著宇宙萬物的生滅變化。

鼓聲，一直都在

世間到底有沒有因果？

有人說：「因果，相信的人認爲有；不相信的人就認爲沒有。」其實因果並非因你相信而存在，也不會因你不信就消失。因果的鼓聲，一直都在，因爲你就是那正在擊鼓的人。

2

因果眞的存在嗎？
沒看見怎麼相信？

桃花不知何處去，人面依舊笑春風

早就知道那一片山谷中的桃花林了，只是不知它到底何時開花。人說「桃花舞春風」，春風還沒吹來，滿山的桃花竟然開了。放眼望去，只見桃花粉紅的笑容，就在嫩綠的葉片下笑開了，彷彿春天已經走近。

那一大片桃花的笑容，一直在心裡。過了幾天，又上山去看桃花，一路興奮地與同行的夥伴訴說著桃花的美。誰知，一到桃花林，迎接我們的，只有滿山蒼翠的綠葉，那些曾在枝椏上點綴著笑靨的粉紅桃花，竟已飄然遠去。

怎麼會這樣呢？前兩天明明都開了的啊？怎麼才兩天的光景就謝了呢？「真的有桃花嗎？」同伴問。它曾經眞實地開過，可是現在眞的謝了，只剩下幾朵孤獨的殘紅。唐朝詩人崔護面對似曾相識的桃花，回憶著遍尋不著的故人時曾慨然地說：「人面不知何處去，桃花依舊笑春風」；而今天我所見的卻是「桃花不知何處去，人面依舊笑春風。」該怎麼訴說桃花眞的開過呢？

眼見不能爲憑

怎麼證明因緣果報的存在呢？

通常我們只相信自己能看到、聽到、摸到的事物是確實存在的，但是感官本身有很多限制，限制之外的東西，又怎知它不存在？眼睛能見、耳朵能聽、雙手能摸的東西，都有一定的範圍，離開了一定的時空，我們就看不見、聽不到，也摸不到了。就像千年之前的古人與地球另一端的人類，我們看不到，但不會懷疑他們的存在。

看不到，並不代表不存在。當我們仰望星空時，有數不清的星光閃爍，肉眼所看不到的天邊，還有星星存在，不是嗎？如果看得見才存在，對盲人而言，這一切都不存在了。例如「盲人摸象」，我們可以知道盲人的有限及大象全貌是如何，但對於所有還未知的東西，又怎知自己不會是那位盲人？

而且眼睛所見，也不代表是眞的，像水中月、鏡中花，你顯然看到了，但沒有人會說它眞的存在，因爲水中根本無月，鏡裡也不可能有花。在電腦網路中，合成的東西比比皆是，那些虛擬的情境與人物，如此歷歷在目，但又何曾眞實存在？所以眼見怎能爲憑？眼不到之處何其多，眼不見之物，又怎能說其不存在？

人類肉眼看不到的東西實在太多了，藉助顯微鏡，我們看見了更微細的生物；運用望遠鏡，我們看見更遠的風景。同樣地，我們的想法有時也很侷限、狹隘，佛法提供了心靈的顯微鏡與望遠鏡，打開我們心靈的視野，透過佛法彰顯的眞理，讓我們得以照見生命的眞相與全貌。

人往往認爲要看見才能相信，卻忽略了一味地拒絕與排斥是很難看見的。美國身心障礙者，同時也是教育家的海倫凱勒說過：「世界上最好和最美的東西，是看不到和摸不到的，它們只能被心靈感受到。」當我們打開心靈之眼觀照世界時，就能感知和了悟萬事萬物所蘊藏的眞理。

物質不是唯一的存在

眼見不能爲憑，物質也並非唯一的存在。「煩惱」、「痛苦」、「快樂」，我們看得到、聽得到、摸得到嗎？然而卻無法否認它們的存在。有人會說：「這些感受都會消失啊！」沒錯，無形的感受會消失，有形的物質不也同樣會消失？最終的消失，並不能否定最初的存在以及其存在時的過程變化。佛教認為所有的「存在」皆是短暫的，並非永恆不變。因與果之間，有其必然性，但過程也充滿著變數。

長久以來，我們接受西方的觀念，太重視物質的存在與獲得，而忽視、否定心靈的存在與提昇。佛法不否認物質的存在與功能，但它教導我們重視心念的變化與作用，以及物質與心靈兩者之間的互動關係。

例如現代人常說「壓力很大」，「壓力」存在嗎？我們看不到「壓力」的實體，但壓力在身心中所造成的影響，卻是每個人切身的感受。現代醫學有所謂的「身心症」，無形的心理壓力在不知不覺中會轉換成身體具體的疾病出現，「壓力」與「疾病」彼此之間是否有因果關係呢？有句話說：「一個人所患的病是他一生的縮影」，疾病是人的生活作息、飲食習慣、思想性格、家庭環境等等所致，「因果」連結著許多我們看不見、想不到的因素。

又如「愛」存在嗎？人都有愛人或被愛的需求，誰也無法否定它的存在。愛如果存在，怨恨、憤怒、貪婪也應存在；同樣地，理想、使命、責任、自由也都存在。如此說來，因果法則存不存在呢？若不曾以心眼觀照，即使因果歷歷如繪、昭然若揭，我們依舊會視而不見。

世間沒有獨立永恆存在的事物

因果法則是解釋我們所認知的個別現象彼此之間可能隱藏的各種關聯，它們存在於表面與內在、過去與現在或現在與未來之間。

因果法則告訴我們，任何的事物都不是獨立存在，而是彼此相互依存的。《雜阿含經》說：「此有故彼有，此生故彼生」，這個「此」是因，「彼」就是果，例如，由於心懷慈悲而想奉獻自己的財物或心力，因爲瞋恨而欲報復他人，心生貪婪而亟思奪取……，各種心念彼此之間就是一種因果關係。

因緣彼此相依互存，因此，一個現象的結果是由許多因緣共同形成的，彼此輾轉相依。經典說：「猶如束蘆，相依而住」，各種條件缺一不可。

例如，我們常歌詠「春天」，沒有人會懷疑「春天」的存在，但春天究竟在哪裡呢？在樹木綻放嫩綠新葉的枝頭，或冰雪初融的河畔，或百花怒放的花園，還是原野的和風、歡唱的小鳥？有人會說這些組合起來便是春天。的確，這些因緣集合起來就是春天；抽離這些因素，我們也不認識春天了。那麼，這些可說是形成春天的「因緣」，而春天便是「果」。

正因爲世間沒有永恆獨立存在的東西，所有的存在都是許多因緣和合之下短暫的存在，這也就是「空」的意思。「空」不是什麼都沒有的虛無，而是指這些現象都是因緣和合、無常變化、剎那生滅，其中並沒有一個主宰者或永恆不變的實體。《金剛經》說：「凡所有相皆是虛妄」，就是要打破我們認爲有永恆、獨立存在現象的成見。

在因緣和合的理則下，即使眼睛要看見東西，也需要許多因緣的聚集。《俱舍論》說眼睛要看見東西，需有眼睛、光線、距離、看的對象等「九緣」，只有眼睛是不能成立的。例如黑暗中我們無法看到東西，太近、太遠的距離也不能看見。

物質的存在也同樣需要因緣和合，組成一張桌子的因緣（條件），我們可以說是木材、釘子等，也可以說是原子、分子等。依照佛教中唯識學派「唯識無境」的說法，所有外在的物質皆是我們心念的投射，並無實體。也就是說，物質的存在，因人的認識作用而有意義。這種說法乍聽之下很難接受，卻可讓我們去思考心念與物質之間，到底有何關係？內心世界與外在的山河大地，是否完全無關呢？

原始佛教則提供了另一種觀點，它不否認外在世界的存在，而把重點放在自己身（物質）、心（心靈）的觀察，提出兩者相互爲緣的說法。同時也提醒我們去觀察感官與外境接觸的當下，產生了何種心念？再發展出什麼行爲？這些行爲帶來什麼影響力？這便是佛陀一再強調的止息煩惱的著力點、關鍵點。

桃花謝了有再開的時候

走出桃花林的途中，我想起朱自清的句子：「桃花謝了有再開的時候」，是的，來年春天時，它會再開，滿山的粉紅笑容，會讓我們忘記它曾有的凋零。

桃花開與謝的生滅之間，以及世間萬事萬物所呈現出來的現象皆如是，都是曾經發生又最終消失，它們曾經存在，但非永恆不變，一切都在無常生滅之中。這說明了「空」的意涵，也告訴我們背後因果的法則是如此清晰可見——「如是因」、「如是果」，有開就有謝，有因就有果。

3

因果就是有因有果，怎麼會與「報應」有關呢？

說到因果法則，或許有人會覺得那是老一輩或信仰宗教的人說的，但仔細想想，「種瓜得瓜，種豆得豆」及「一分耕耘，一分收穫」這樣的因果關係，還是我們從小到大耳熟能詳的道理。從「種瓜得瓜」的因果，到「一分耕耘，一分收穫」的因果，雖然因果的範圍已不同，但在一般人心目中依舊是理所當然的原則。

如此說來，因果並非不能為人所接受，它之所以讓人質疑的地方也許就在於：因果是有因有果，怎會與「報應」有關呢？

因果是一種自然法則

一般人說的「因果報應」，也是所有因果的現象之一，具有同樣的理則，我們既然相信一般的「種瓜得瓜」及「一分耕耘，一分收穫」的因果，卻不相信「善惡有報」的因果，原因何在？是因為「報應」牽涉到善惡的問題？或是因為因果應該是中性的，不會有善惡之別，也不會招致福禍之報？

從可看得見的因果來說，「殺人償命」算不算「惡」的因果？「愛人者人恆愛之，敬人者人恆敬之」算不算「善」的因果？雖然有的殺人者，還是逍遙法外；有的人雖然愛人、敬人，但並不見得能獲得相同的回報，可是我們如何肯定這些回報都沒有發生呢？在你看不到的時空中，或許已經發生，或許即將發生。至少我們能看到殺人者會受到制裁，愛人者會受到大多數人的愛戴。那麼「因果報應」，何以沒有善惡之別呢？

佛法認為因果法則是一種自然法則，它通於一切，不論是有情（有情識的生命，如人類、動物等）、無情（無情識的山河大地、草木金石等），但只有對有情眾生，才有所謂善惡可言。由於有情識，我們眼中所看到的世界以及心中所建立的價值觀，就有許多的分別、分判。相同的因果法則，在無情的事物與有情眾生的身上，就有不同的展現，同樣是「有因就有果」，但對有情眾生來說，這「因」便多了或善或惡的心念、行為；而「果」也由這善、惡的心念與行為，最終產生苦、樂的差別。

如果善與惡存在於有情眾生生活的世間的話，那麼眾生所做的善、惡行為，自然會帶來苦、樂不同的結果，否則世間的倫理、軌則將無從建立。所以，所謂的善惡、報應，都是針對有情眾生而說，在有情眾生心中有善、有惡，因此造就了不同的依報世界（環境），產生善、惡不同的結果。對於無情的東西而言，自然無所謂的善惡、報應了。

有因必有果，因與果的性質相同

所謂善、惡，也是人類很主觀的價值判斷，這和自然法則有什麼關係呢？善因一定生樂果，惡因一定生苦果嗎？善因與樂果、惡因與苦果之間，為什麼一定有必然的因果關係呢？

善、惡是主觀的行為價值標準，但在同一個約定俗成的社會中，仍有客觀的判斷準則，例如，社會的賞罰、個人良心的心安與否、身心與四周環境的和諧與否，以及宗教道德上的標準。

依佛教的說法，善、惡的標準有二：一、人的一切心念、語言、行為，引起將來果報是良好、快樂的，便是善；反之，引起將來果報是不良、苦難的，就是惡。二、凡是利益眾生的，稱為善；反之，就是惡。我們從而可以得到一個確定的結論：「善因生樂果，惡因生苦果。」

造如是因必得如是果，而因與果的性質是相同的，例如，造X因必得X果，不會得Y果；同樣地，造Y因得Y果，不會是其他的果。就像種芒果不會生柳丁，種橘子不會長出蘋果一樣。在佛經中也有同樣的說法：「由辛辣種子，得辛辣果實；由甘甜種子，得甘甜果實。」

由此可知，「作罪得苦果，作善得樂果」；「從善因唯生樂果，不生苦果；從不善因唯生苦果，不生樂果。」善惡與苦樂之間，有著合理的必然關係。

因主觀的心情，而有不同的感覺

有一年夏天到法國普羅旺斯旅行，和朋友一起拜訪她以前大學佛學社的學妹。普羅旺斯熱情的陽光與瀰漫在空氣中的花草香，實在令人著迷。其中，新鮮的覆盆子以及薄荷加氣泡水是我們的最愛。朋友的學妹看我們那麼喜歡吃覆盆子與薄荷汁，臨回國前，帶我們到超級市場買了兩大瓶覆盆子與薄荷濃汁，並殷殷叮嚀不可喝太多，以免體重上升。

回台灣後，一天，打開覆盆子汁，滿懷期待地喝下一口，咦！好像沒有印象中的好喝；那薄荷汁呢？我同樣加上了氣泡水，怎麼好像也沒有那時感覺的好喝。這是怎麼回事？

原來，那時會覺得覆盆子有如天堂般美味，是因爲我們漫步在凡杜山清晨的山徑上，聽著風中傳來的羊鈴聲，採了覆盆子隨手在衣襟上擦擦便吃了下去，那朝露潤溼後的鮮美滋味眞是好極了；薄荷汁則是在普羅旺斯的山村中，坐在涼風徐徐的濃密樹蔭下暢飲的，只覺眞是透心沁涼……。

覆盆子與薄荷汁都可以飄洋過海帶回台灣，眞正無法移植的是美麗的普羅旺斯，還有朋友學妹熱情的招待。

最主要的是，我的心情改變了吧？沒有旅行時的悠閒，取而代之的是忙碌的緊張。覆盆子與薄荷何嘗改變，改變的是我主觀的心情，對它們便有了不同的感覺。

4

人心好就好了，何必管什麼「因果報應」？

「好心」沒有標準，「好心」很難堅持

一聽到因果，許多人都會說：「人只要心好就好了，努力付出就會有成果，不必管因果之說啦！不信因果的人多的是，還不是活得好好的，何必去管什麼因果報應？」

「是不是好心」，這個標準很難說，很少人會認爲自己是壞人吧？但爲什麼世界上還是有很多壞人？可見好、壞的標準莫衷一是，且因人而異。每個人都願意做個「好心」的人，但是一旦碰到與自己的利益相互衝突的情況，或拗不過煩惱以致情緒無法自主時，就很難控制自己的言行了。因此，人活在世上如果沒有清楚的目標與人生的準則，沒有一些些智慧的抉擇與慈悲的情操，所謂的「好心」是很難堅持的，也是模糊不清的。

至於「努力付出就會有成果」，基本上就已經是因果法則了。不管我們相不相信，「因果」都如實存在，就像春去秋來、花開花謝般自然。對於因果法則，佛陀也只是發現者，而不是創造者，這樣的法則其實一直存在於天地宇宙之間。

佛陀以自然法則的「因果」來詮釋人的禍福，認爲在善惡行爲與其果報之間的主導者並非不可知的神力，而是自己。這在二千多年前的印度是一個十分具有開創性的說法，而對二十一世紀的許多人來說，又何嘗不是個革命性的觀念。

「有人不信因果，也一樣活得好好的。」這種人表面上看來不信因果，但他的行爲仍有一套合理的法則在引導，使得他個人身心與人際關係間能產生良善的循環，只是他並不認爲或不知道這就稱爲「因果」——善因得樂果，惡因得苦果。

世間的一切現象都是一種因緣關係、因果關係的存在，沒有任何事物或現象可以獨立生起，一定有其他的因緣存在，彼此相互依存，才產生出這樣的結果。你看過獨立存在而產生的物體或現象嗎？所謂的「因果報應」也是如此，如果一個人沒有造作「因」，那麼「果」從何而來？

也是因果

有位十分優秀傑出的青年就是不信因果，他常說：「就算因果報應存在好了，這眞的規範得了我嗎？我還是認爲人只要不做壞事，就不會受到因果報應了。而且像我今天的成功，都是我的聰明才智所致，不需要解釋成因果循環、報應之類。」

「因果報應」不是上帝，也不是神，更不是佛陀用來主宰我們的戒條，除了自己，沒有人可以把報應加在我們身上。上述的青年其成功與本身的聰明才智應有密切的關係，不過，這並不是唯一的條件，他可能很用功、很用心；或許人緣不錯，有很多人都願意幫忙等等。總之，成功有主要的原因、次要的條件，最後才有成功的果實，而「聰明才智」是主因，用功、人緣是次要條件——緣，而成功就是果，「因、緣、果」具足，這已經就是所謂的「因果」了。

鳥的天空、魚的水

人似乎很怕受到約束，一想到自己活在因果的法則之中，就不免感到不自在，似乎就不能爲所欲爲、任意而行似的。鳥在天空飛翔，不管牠飛到哪裡，飛不出天之外；魚在水中優游，不管牠游到哪裡，游不出水之外。但是鳥和魚會覺得天空與水「規範」了牠們嗎？相反地，沒有天空，鳥不能飛；沒有水，魚不能游。同樣地，沒有因果，世間也就無法成立了。

佛經說：「有因有緣世間集」，我們所存活的世間正是由因緣所聚集，置身其中的我們，又如何能離開因果呢？

5

相信「因果報應」，是不是等於信仰佛教？

信仰佛教必然相信因果

在佛法中，「因果論」是十分重要且核心的觀念。《雜阿含經》中記載，當時有婆羅門問佛陀：「你的教法是什麼呢？」佛陀回答：「我論因、說因。」婆羅門又問：「什麼是論因、說因？」佛陀說：「有因有緣集世間，有因有緣世間集，有因有緣滅世間，有因有緣世間滅。」凡夫執著於自己的身心等因緣，於其中產生種種愛染，才有生、老、死、憂、悲、苦惱。

如果要滅除這些苦惱，也要從放下對身心的執著開始，苦因滅後，苦果才滅。佛陀這段話告訴我們因、緣、果之法如此重要，不僅構成世間的一切，也形成眾生的身心與苦惱，而滅除苦惱的關鍵，也在於此。因此，佛陀才會說他所有的教法都只在論因、說因罷了，也就是整個佛法所說不出「因果」二字，因果可貫通全部佛法。

如果一個人信仰佛教，他一定會相信因果，而且是佛陀所解釋的因果；但他若只是相信一般人口頭上所說的因果，或是科學家所解釋的因果，當然就不見得信仰佛教，這牽涉到他對因果的認識與定義問題。

佛法教導我們要思惟、踐行、印證，並非不加思索就去信仰，它可激發人內在力量。如果你對世間的現象有所疑惑，或感受到身心苦惱無法自主……，只要你有一絲絲想要改變自己生命的心，那麼，你將會啓程去尋找佛法，而佛法早在那兒等待你了。你必須自己發現它，而非等它向你走來，因爲它從來就不曾離開過你。就像果子終將成熟，綠樹終會成蔭一樣，只等你耕耘的手；佛法的身影已在，眞理的腳步不遠，只待你求法的心。

因果不是閻羅王手中的生死簿

很多人可能會有個疑問：「如果不相信因果報應，會怎麼樣嗎？會不會遭到佛菩薩的處罰？」如果我們深信因果法則，就會更謹愼自己的心念與行爲，我們會在每個「因」上謹愼，也會更積極去創造好緣，結果如何也會坦然接受，因爲一切都是因緣和合，執著就能減少一些。

所謂「菩薩畏因，眾生畏果」，菩薩是在「因」之時就覺醒，愼重自己的行為，而不是迷迷糊糊地等到果報來臨才感到害怕。因果法則提醒我們，在每一個當下醒覺，活得清清楚楚，不再有所恐懼。

至於不信因果的人，佛、菩薩也不會處罰你，個人的生命將呈現何種風格與景觀，都是由自己決定的，而非佛、菩薩。因果法則是宇宙間的眞理，不是閻羅王手中的生死簿。

不相信因緣果報，不能說是「壞人」；但絕大多數的「壞人」肯定是不相信因緣果報的，否則他們不會縱容自己的煩惱熾盛而傷害別人。

曾有人問：「相信因果有什麼好處嗎？」其好處當然是見仁見智，但可以肯定的是，以因果緣起法則來觀察世間與自己的身心，會使我們得到正確的理解，減少無謂的煩惱。此外，相信因果，會讓我們知道如何在過程中隨緣盡分而努力，若結果是成功時，我們不會自滿，結果不如人意時，也能釋懷，它教導我們不斷學習承擔與放下的哲學。

如果有人希望佛、菩薩能保佑他發財而相信因果，這代表他還未正確地認識因果。我們正確地認識因果、相信因果，就會有智慧去判斷、分析社會人生的現象，找出現象背後的原因，也能確立自己的目標，並擬定出實踐的方法，不會一味地把「相信因果」當作與佛、菩薩交換財富或平安的籌碼。

佛法是實踐的宗教，如果我們只相信，卻從來不實踐，那是沒有用的。要得樂果，必須自己種善因、把握善緣，佛教的「信」從來都是包含實踐的。

眞正束縛我們的是錯誤見解

也有人害怕相信因果會使生活充滿束縛，因而不願相信因果。其實人類所有的煩惱與痛苦均來自於錯誤的見解，而這才是眞正束縛我們的囚牢。長期以來，中國人對於因果缺乏正確的認識，所以將佛教因果迷信化、庸俗化：

一、**迷信化**：認爲因果不科學，佛教和科學都同樣提到因果，佛教所說因果和科學所說原就不同，科學所說的因果著重在分析自然界、物質的現象，佛教則是分析人的身心與人生現象；科學只著重於因與果的關係，佛教則著重於因果之間「緣」的作用等等。

其次，也有人認爲因果是佛法中低層次的、帶迷信色彩的教說，不能和其他高深的義理、境界相提並論。

二、**庸俗化**：認爲佛教的因果不外乎是庸俗化的因果報應觀念，即恐嚇式（威逼）與交易式（利誘）的宗教道德勸化，不值得一信。

也有的人雖信因果，一遇到吉凶禍福之事，就怕犯風水、犯流年、怕鬼神降罪等，往往採用求籤、卜卦、看風水、看流年等方式來改運，使得「因果」之理淪爲趨吉避凶的工具。

在《雜阿含經》中，佛陀告訴諸比丘：「彼云何無明……。不知三世、內外、因果、四諦，不知三寶，不知根塵……，癡闇即無明。」可見不知因果法則就是無明，無明驅動著我們造作身、口、意等各種善惡業行，從而產生各種苦樂果報，眾生便在業力的牽引下而輪迴於生死苦海。若能如實明了因果，就能淨化自己的身心，由無明而趨向於覺悟，解脫自在。

見山不是山——因與果之間

世間有許多現象，因與果的關係很難對應清楚，

那是因為因果橫跨三世，歷經時空的遷移，

及各種因緣錯綜複雜的變化，

以至於我們見山不是山……

吉祥草

「世間有一種草，可以讓人起死回生。」佛陀看著哀傷欲絕的老婦人，慈祥地說著。

婦人的兒子年紀輕輕就死了，老邁之年頓失愛子，她無法接受死亡的事實，更無法平息內心的傷痛。她抱著孩子的遺體，來到佛陀的面前，哀求佛陀：「請您救活他吧！只要您能救活我的孩子，我就皈依成為您的弟子，護持佛法；否則，我怎麼也無法信仰您的教義。」婦人滿懷期望地看著佛陀。

佛陀說：「只要找到吉祥草，就能救活你的孩子。」佛陀的話語彷佛是漫天黑幕中射下的一道曙光，婦人聽了欣喜若狂。可是，「吉祥草」要到哪裡去找呢？

「這種草生長在不曾死過人的人家裡，你趕快去找吧！」佛陀說。

於是，老婦人毫不遲疑地起身去找「吉祥草」。她問過一戶又一戶的人家，就是不見「吉祥草」的蹤跡，因為每戶人家裡都曾有人死亡，不是祖父母、父母，就是孩子。「請問你們家有沒有人去世過？」婦人在走過附近的幾個村落後，她敲了最後一家的門，小心翼翼地問著。「當然啊！誰家沒死過人呢？」來應門的人說著，並好奇地看了看老婦人。

既然每家都有人死亡過，那麼就不可能找到「吉祥草」。如此一來，唯一能讓孩子起死回生的希望破滅了，婦人再度陷入絕望。「誰家沒死過人呢？」她喃喃自語著。驀然，她覺悟到：「死亡是人人必經的過程，有生就有死，這是再自然不過的事了。」哀傷逐漸從婦人心中淡去，她接受了孩子死亡的事實，也體會到佛陀善巧的教化。

死亡如花朵的凋謝，出生則如花朵的開放，我們只看到死亡的傷痛，卻忘了出生時的歡欣，生與死難道不是一體兩面、互為因果嗎？當我們無法接受死亡的結果時，可曾想過死亡的原因不是因為疾病或意外、衰老，而是因為「出生」！只要有生就有死，當死亡的因——出生——已經形成，死亡的果就難以避免。世間如果有不凋謝的花，就有長在沒有死過人家中的「吉祥草」吧！

喪失愛子的老婦人，無法接受孩子死亡的果報，她不明白為何如此？

佛陀善巧地引導她明白果從因生，而「死」的因正是「生」。

有些人相信因果，但對於世間一些現象，卻不免有所疑惑：

這果報的原因是什麼呢？為什麼會得到這樣的果報呢？

6

好人常常沒好報，「善有善報」豈不是騙人的？

有許多好人的下場，似乎眞的不怎麼好。有人行善一輩子，老來卻流離失所，或慘遭橫禍，種種情況實在令人不勝唏噓，也讓行善之人大受打擊，更讓沒有意願做好事的人，找到最好的藉口。

我們都知道，當然不是每個好人都沒好報，每個壞人都有好報。但俗話說：「好人不長命，禍害遺千年」，這又怎麼說呢？

從更悠長、寬廣的時空去看

「好人沒好下場，壞人有好報」的情況是普遍的，還是特例？想想我們也看過好人有好報的例子，而且絕大部分都是如此；同樣地，我們也看見許多壞人受到惡報的事例。既然如此，可見我們原來所認爲的「好人有好報，壞人有壞報」的法則，還是存在且有作用的，「好人沒好報」的特例，並不能推翻「好人有好報」的普遍性。至於當因果的現象與這個法則不一致時，這背後透露了一些我們不了解或忽視的訊息。

「造如是因，得如是果」的自然法則，的確是眞實不虛的，只是由於時空的轉移（這時空可能跨越我們有限的認知），我們無法看到每個因的生起與果的成熟；再加上在同一個時空中，有無數的因在生起，無數的果在形成，錯綜複雜的諸多因果之線，交織成生命的網，你拉起這條線的因（如張先生常幫助別人），看到的卻是另一條線的果（如張先生得了癌症）。所以，便會對因果的善惡有報產生懷疑，其實這些現象都各有其因，各有其果，是我們將不同的因與不同的果錯置的緣故。

造下了這些因，不見得果報就會在今生成熟，而今生我們所看到的某些果報，也不見得都是今生所造。這個前提就在於佛教肯定「三世」（即過去世、現在世、未來世）的存在，認爲人的生命並非只有一期、一世，而是從無始以來，三世輾轉相續，有著無數的過去、無數的現在，以及無數的未來。

仁俊老法師曾開示說：「生命雖然有生滅，但卻有三世相續性：向前看，它承受著無限複雜的業因影響；往後看，它開展出無限複雜的果報事實；從現在看，它正從無限複雜的意志中創造一切。宇宙乃是縱橫無垠的生命軌網，這軌網中馳騁著無限的生命活力。」我們的生命不停地在活動，所有一切世間的現象，包括自己的身心，都是因果法則的呈現，而這因果法則說明了過去，也彰顯著未來。它更告訴我們：在我們目前的生命中，還有許多可為的空間。

當我們建立了「三世」的概念，對於善惡的因、果，就與一般人「斷滅」的見解不同，而能從悠長的時空，去看待人對善法的堅持及對惡法的遠離。

如果人的生命橫跨三世，但我們所能知道的也只有現在這一世，那麼我們如何知道因果的對應呢？什麼因會得什麼果？什麼果是由什麼因而來？

佛陀教導我們必須對因緣果報有如實且全面的觀察，才有可能對錯綜複雜的因果現象了了分明，這需要長時間的不斷練習。我們無須費神思考不可知的前世或來生，只要把握住「造如是因，得如是果」的原則，因與果有著相同的性質，善因會得樂果，惡因終生苦果。要息滅煩惱的「果」，必從息滅煩惱的「因」著手。至於事相上的對應問題，並不是最重要的，重要的是如何掌握因果的原則，如何看待因果的現象。

「好人」與「好報」的標準

我們所看到的「好人」，其實也可能曾是「壞人」。我們如何評斷那些回頭的浪子到底是好人或壞人？而且人可展現很多層面，或許在人前是個好人，但在人後、在獨處時，他依然會是「好人」嗎？我們對他的了解又有多少呢？人不可能十全十美，在他所扮演的各種角色中，有的成功，有的則失敗。在生命所歷經的悠遠過程與所展現的各種面向中，我們要從哪一個階段或哪一個層面評斷他是「好人」？

我們當然希望好人有好報，如果做好事、當好人，是爲得到好報的話，布施就會有所求，希望得到實質的回饋或建立良好的形象，而非出自於一顆無所求的心。布施是單純地只是看到對方的需要，用智慧與慈悲，在適切的因緣給予對方適當的幫助。

或者，我們也可以因爲純粹看到自己某方面的不足，如貪心、吝嗇、嫉妒等習氣，而願藉著做好事、當好人來改善自己的不足，並感謝對方給予自己因緣與機會來歷練身心。

如果我們是高高在上地看待自己的所有布施，當未獲得預期的感恩時，便會難掩失望，甚至因而否定原本所做的好事。

當布施時，我們要儘量學習「三輪體空」——無施者、無受者、無所施之物，這些只是在因緣和合當下的呈顯而已。在那個時空中，我們覺得自己應該幫助，有能力幫助，以無罣礙的心去做就是了，如《菜根譚》所說：「風吹疏竹，風過而竹不留聲；雁度寒潭，雁去而潭不留影。故君子事來而心始現，事去而心隨空」，不留任何痕跡。一直記得別人還欠你什麼，這也是個沈重的負擔。

《金剛經》說：「以無我、無人、無眾生、無壽者，修一切善法，即得阿耨多羅三藐三菩提。」我們應以一顆空性的心踐行一切善法，不因眾生不知感恩，而退失自己「有所為，有所不為」的原則。就像「庭院的水仙開始綻放花朵，別人看與不看，都無所謂，只是全心全意，綻放自己的花朵。花兒不像人們說些『當初那麼』的牢騷，只是單純而美麗」，讓布施只是布施吧！

還有，我們一直希望「好人有好報，而這好報就是指長壽」，這樣的因果是我們以自己的價值觀所建立起來的，有時不見得符合事實。「好人」、「好報」的標準是什麼呢？「好人」的好報，一定是「長壽」嗎？這「好人」也許活得不長，但活得心安理得，死時平靜安詳，比起那些活得久卻眾叛親離的壞人來說，能說他沒有「好報」嗎？

「善有善報」，並不是騙人的，只是我們不了解它罷了。

7

平時勤燒香，臨時抱佛腳，佛、菩薩卻都不保佑？

「我常常到寺廟裡拜佛、布施，爲什麼運氣一直都這麼不順？」

「我媽常說拜佛可以保佑我們平安、賺大錢！我這個月每天都到佛堂拜一百零八拜，假日還和媽媽到寺院拜佛、供養，但是我不但沒有賺錢，連簽個大樂透都槓龜，說有多衰就有多衰！早知道就不要拜了！」

「公司快倒了，我這個小職員每天都面臨被裁員的命運，房貸壓得我喘不過氣來，女朋友也不理我了，過馬路還被摩托車擦撞，總之，倒楣死了！可見我天天拜佛都沒有用啦！」

菩薩也難爲

許多人一遭受挫折就怪菩薩沒保佑，同時心中也充滿疑惑：「不是說『有拜有保佑』嗎？爲什麼我拜菩薩，菩薩卻沒有保佑我？」他們認爲自己拜佛有種善因，爲什麼卻沒有得到善報（樂果）？

不論有無拜佛，人生不如意事十之八九，凡事都事出有因，例如會被裁員，可能是經濟不景氣等大環境因素，也或許是個人的工作能力與人際關係所致，怎可怪罪於菩薩呢？俗話說：「自助而後天助」，如果拼命拜佛卻不努力工作，菩薩要如何幫助你？只能說菩薩也難爲。

有位勤於拜佛的婦人多年前因簽賭一夕致富後，曾捧著數百萬元的鈔票，捐獻寺廟。不料婦人因此卻開始沉迷於簽賭，最後竟又輸了上億元，原本擁有數間房產的她，所有的財產一夕之間都化爲烏有。像這樣的情況，菩薩又要如何幫助她？

佛、菩薩也有不能的時候

佛、菩薩不是萬能的「神」，他也有許多不能，例如無法改變眾生的業力，每個人造作的行爲所產生的後果，只有自己能承擔，任何外力都無法扭轉。

我們拜佛、拜菩薩，並不是求佛、菩薩賜給我們圓滿順利的人生，而是要在頂禮諸佛菩薩的當下，學習他們的慈悲與智慧，激發內在的勇氣與毅力，去面對、解決人生所遇到的困境。這就像天主教聖法蘭士的禱告文一樣：「主啊！我所不能改變的事，祈賜我以寧靜去接受它。我所應該改變的事，祈賜我以勇氣去改變它。何者是可改變的，何者是不可改變的，祈賜我以智慧去識別它。」藉由信仰提昇自己的生命境界，是宗教特殊之處。

所以，佛、菩薩是一面鏡子，可以讓我們更看清自己，知道因緣的變化，從而在自己心中抉擇出一種合理的態度與行爲。如果我們把他們當作逆境的擋箭牌、生財的百寶箱，那就大錯特錯了。拜佛的「因」與平安、賺大錢的「果」，兩者之間並無必然的關係。

佛教不是救贖式、交換式的宗教，諸佛菩薩已斷盡煩惱、人格圓滿，他們並不需要凡夫的崇拜與歌功頌德，對眾生只有無盡的願力與一視同仁的悲心，我們並不會因讚美佛、菩薩而獲得保佑，或因不相信而遭到處罰，自己的人生決定在自己手上。佛陀不斷地告訴我們：「自依止、法依止，莫異依止」，就是這個道理。

見緣起即見法，見法即見佛

對於大部分人來說，會想去寺廟裡拜佛不外乎是有所祈求，希望得到更多，或是人生中有難關無法跨越。然而，佛在哪裡呢？

《金剛經》說：「若以色見我，以音聲求我，是人行邪道，不能見如來」，要如何見佛呢？對於這個問題，《金剛經》的回答是：「凡所有相皆是虛妄，若見諸相非相，即見如來」，世間的一切都是因緣所生，並非永恆。如果我們能在看似恆常、堅固的表相中，見到無常、虛妄的本質；在緊執有「我」的習慣中，能看到「無我」的事實，就離佛不遠了。

《增一阿含經》則說：「見緣起即見法，見法即見佛」，意思是若我們能體證緣起法，明白因、緣、果的法則，也就能見到佛陀的法身。藉由觀照因果緣起的道理，放下執著，度一切苦厄，這才是拜佛、學佛的眞義。

觀察因緣生滅，離苦得樂

新春期間，一位許久不見的女居士回寺禮佛，讓人意外的是，當她摘下頭上的帽子時，一道深深的疤痕觸目驚心地盤據在頭上，她說癌細胞已經轉移至頭部，開過兩次刀了。再看看那雙原本水汪汪的雙眸，由於癌細胞壓迫到視神經，一隻眼睛已經無法睜開……。

這是她嗎？那年初出家的我隨著年長的法師們去家庭佈教，其中有一家便是她那緊鄰著工廠的住家。那時的她是多麼地年輕美麗，事業、家庭圓滿，沒想到，如今卻遭逢厄運，人世無常，際遇難料，令人不勝唏噓。

她告訴我，從二十六歲皈依，四十六歲時發現得了乳癌……。原本以爲她會說爲什麼學佛這麼久，菩薩還沒保佑她？或這是「業障病」，要法師爲「業障深重」的她消災解厄之類的話。但意外地，她微笑地說，她去參加內觀禪修，慢慢練習以平等心看待自己身體的病痛，去觀察各種感受的生滅，原來是如此變化無常，沒有人可以主宰……，覺得十分受用，身體雖然痛苦，但心是平靜的。

她的話中只有感恩，沒有抱怨，實在令人感動。學佛者應該就是這樣吧！不要求消除業障、增加福報，而是學習佛陀平等的捨心，覺知身心的無常，放下對「我」、「我所有」的執著。

望著她遠去的背影，原本我內心的感傷化成祝福。我知道在人生的路上，她已能堅強地面對無常的生命，無須靠求神拜佛尋找庇佑，也無須仰賴法師的加持，而以觀照無常、無我的智慧，跨越人生的苦海。

8

我愛的人爲何不愛我？
我努力爲何不成功？

因果準不準？

「有些人一生下來，家裡就爲他準備好一切：汽車、洋房、高薪的工作、美嬌娘，他一點也不需要付出；而我辛苦一輩子也賺不了一棟房子，老天爺太不公平了吧？」

「我在股票上投注了這麼多資金，每天都去看盤，聽股市分析，一直都戰戰兢兢地經營，但是現在股票跌得那麼慘，我都快傾家蕩產了！」

「不是說『精誠所致，金石爲開』嗎？我這麼愛她，等她那麼多年，爲什麼她始終沒有被感動，反而愈來愈討厭我？」

以上這些情況常發生在許多人身上，有人因此認爲因果是不準的，如何能相信因果法則，從現實的現象中實在無法看出存在著因果法則。

在因與果之間，還有一個重要因素——「緣」，「緣」在其中扮演著極爲重要的角色。你的動機可能出於好意，但行爲是正確的、合理的嗎？你有足夠的努力嗎？每件事的成就，都需要諸多因緣和合，如果只照顧其中一個緣（條件），而忽略了其他的緣

（條件），是無法成就的。

在看待因果時，我們不能忽略佛陀所說的眞理：「諸行無常，諸法無我」，世間流動變化、生生滅滅，許多事並不能如人所願，而我們本身只不過是其中一個因緣而已，不是你愛她，她就一定要愛你；不是我努力，就一定會成功。若因緣不具足，再多的強求也於事無補。

再說，如果成功了，也不會永遠不變，生命不是到處充滿了變數嗎？因此，我們只能盡心盡力，卻無法自始至終地掌控全局，把握機會、隨緣盡分便是了，這樣的人生才會自在一些。

佛教常說「無我」，並非否定現在這個會說話、會走路的「我」，而是認爲沒有一個常一、獨存、永恆不變的「我」，也就是沒有一個可以主宰的「我」存在。我們不僅無法主宰自己的身心，也無法主宰外在的一切，因爲一切都在因緣生滅之中。我們認爲「我愛她，她就得愛我」、「我努力，我就會成功」、「我對你好，你就要感謝」等等，這些心態的背後其實都是潛意識的「我慢」在作祟，一旦事情的發展不如己願時，便心生瞋恨，甚至做出種種愚癡的事情⋯⋯。世上許多兩敗俱傷的憾事，不都是這樣來的嗎？放下「我」的執著，活得就會比較沒有負擔。

對因果了然於心

很多人認爲自己什麼都不比別人差，論頭腦、論努力，都不輸別人，輸就輸在「先天」的條件，例如長相、父母、家世等等，他們會說：「對於後天的努力，我可以盡力；但對於先天的條件，我卻覺得無能爲力，這是多麼不公平！」

所謂的「先天」也曾經是「後天」，所有的成果都不是憑空而來的，按照因果業力的法則，這些必定是他曾經耕耘而獲得今日的豐收，你和他之間的差別，可能只是他耕耘得比你早而已。當我們在流汗耕耘時，眼裡看著別人歡樂收割，難免感到不平衡，但你只看到自己的辛苦，卻忽略可能在你看不見的時間或望不到的空間中，別人也曾辛苦過。而你的辛苦，也會在另一個時空得到回報。

有句話說：「你播下的種子，在看不見的地方，已經悄悄地生根發芽了！」因與果之間，有著奇妙的關聯與變化，只是這樣的關聯與變化，你或許看得見，也或許看不見。對於自己或別人的因果，又如何能從一時片刻來看待？

在我們的身心中，許多的因與果，在交錯進行著，有的因才初生，有的果已結成。對於已成熟的果實，我們無法把它還原成種子；對於尚未選擇的種子，則還有很多的可能性。但我們不要忘記「因地不眞，果遭迂曲」，因果之間的對應性是絲毫不爽的。

就像社會上有些人喜歡認有錢的乾爹、乾媽，或結交文人雅士以擠身入文化人士之流，試圖彌補自己先天不足的條件。然而，他的命運眞的改變了嗎？他的氣質眞的提昇了嗎？攀龍附鳳、附庸風雅的結果，反而迷失了自己。

我們要努力讓自己明瞭因果的事相與理則，不爲表面的現象所迷惑，能以正見觀察所發生的一切。從中，安於已發生的因果，對未發生的因果也能種好因、結好緣，做自己生命的主人。

人間處處好因緣

在一個風和日麗的早晨，上山。

不料，大霧迎面而來，包圍了群樹，籠罩了竹林，擋住了前方，眼睛所見的只有腳下的立足之地。我與同伴們在汗水淋漓中，踏著往日熟悉的山徑，突破重重濃霧，不斷沿著山壁攀爬而上。一路上冀望著到山頂就是晴空萬里，不料千辛萬苦到了山頂，濃霧依舊重鎖千山。

記得往昔曾在此山巔遠眺群山爭雄競秀，俯瞰腳下山谷清泉奔流，此刻卻伸手不見五指。濃霧把我們緊緊包圍，當下著實懊惱，覺得今天白走一遭。就在這時，霧中傳來清脆悅耳的鳥鳴，一聲疊過一聲的鳴唱，此起彼落，宛如天籟，動聽極了！我們看不見山，也看不見鳥兒，白霧茫茫裡，萬籟俱寂中，只有鳥鳴迴盪於群山之間！整個天地間只剩下一種聲音，這種感覺難以言喻。

我靜靜佇立在山巔，聽著霧裡的鳥鳴，心中強烈感受到，人的聲音，包括我自己，其實也只是天地間所有聲音之一罷了，爲什麼我往往只有聽到自己的聲音呢？

美國詩人塞繆爾．厄爾曼（Samuel Ullman）說：「人生無論何處，只要用心尋找，總有豐富的收穫。」放下自己原先設定的東西，打開心眼，去感受生命中另外的奇蹟。每個因緣，都是無法替代的好因緣。

「春有百花秋有月，夏有涼風冬有雪，若無閒事掛心頭，便是人間好時節。」是什麼東西讓我們常掛心頭呢？是心裡那份「非怎麼樣不可」的執著吧！

9

父親作惡多端，
厄運竟然報在孩子身上？

因果業力的法則是自作自受

中國人認爲祖先的行爲會影響子孫，古人便常說「積善之家必有餘慶，積不善之家必有餘殃」、「父債子還」、「禍延子孫」之類。

每當社會上出現轟動一時的刑案時，許多人便說：「這種大壞蛋，被槍斃是罪有應得的，但爲什麼他的妻子、子女要承擔他所犯的錯誤呢？」「你看！他的小孩到處受到歧視，他做壞事，果報爲什麼要報在孩子身上呢？對小孩來說不是太不公平了嗎？」

「祖先的行爲會影響子孫」，這樣的思想可以鼓勵人向善，爲子孫積德；同樣地，也讓人以爲當子孫遭遇不幸時，就是「祖上無德」。其實，祖先的善惡行爲與子孫的禍福之間，無必然的因果關係。我們不是常看到祖先雖多行不善，但子孫卻賢達，如「歹竹出好筍」；或祖先行善致富，子孫卻遭到不幸，如「富不過三代」，這又如何說呢？

業力的法則是自作自受，以監獄內的受刑人來說，接受刑罰的是他們，而不是他的孩子，他自己承受了惡行的果報，中國人老是認爲「自己造業，子孫受報」，這是不符合因果律的。

結構性的煩惱

祖先與子孫之間，難道沒有絲毫關係嗎？不，當然有關係，而且關係匪淺。他們業力接近，且因緣深厚，否則怎會進同一個家門，兩者有相似的長相與接近的成長環境呢？他們背後有著共同的業力——共業，共業有善有惡，善者感召善之共業，惡者感召惡之共業。每個人又有各自的別業，共業與別業不斷地相互作用、相互影響，而形成這一期生命的景況。在共業圈中，每個個體都難以置身於事外。

生活在世間，我們除了面對自己的煩惱，還得面對共業圈下的「結構性煩惱」，但這「結構性的共同煩惱」並不等於「自作業他受報」，或「他作業自受報」。每個人所承擔的還是自己的業力，彼此是無法相互替換的。面對「結構性的煩惱」時，個人能做的往往有限，無法扮演救世主力挽狂瀾，因此我們應隨緣盡分，視因緣奉獻一己之力。

自我承擔與同體大悲

當我們清楚明白業力自作自受的法則，就不會怨天尤人，或等待、要求他人的提供，而能無怨尤地承擔自己的一切。當我們看清共業圈中彼此的相互影響，就較能生起悲心，畢竟在共業圈中我們無法獨善其身，慈悲地對待別人，也就是慈悲地對待自己。

佛法的特色在於其非常注重自我的承擔，強調「自依止」，以自己爲島嶼、爲舟航，強調自度；但另一方面，又告訴我們必須重視個體與團體、自己與他人之間相互依存的因緣關係，這種反求諸己的「自我承擔」與深觀因緣之後的「同體大悲」，是學佛者須把握的精神，也是朝向解脫道的修行者所應努力的目標。

德籍斯里蘭卡高僧向智尊者這般地描述阿羅漢：「當達到如阿羅漢完美的寂靜與平衡時，其寂靜比任何凡夫所能想像的更廣大深遠。」這怎麼說呢？

在情緒的層次上，阿羅漢寂靜的特徵，在於面對生活的起伏、經驗範圍內，可能發生的一切問題和衝突時，所表現出完美且堅定不移的平衡。這種寂靜不是冷漠的疏離，而是對各個情況的平衡反應——由智慧與慈悲所產生、所引導的反應。

在意志與活動的層次上，阿羅漢的寂靜表現為無有偏愛，以及在行動與不行動間作出謹慎的選擇，這些都是以智慧和慈悲為出發點。而作決定時，仍展現出完美的平衡。

在認知和智識的層次上，他的寂靜展現在以謹慎、實事求是為依據，對每個情況或想法作出公平的判斷，這是平等的洞察力，使他免於落入觀點偏激的陷阱。

因此，學佛者何須爭論「大乘」、「小乘」何者殊勝？大乘者不必貶抑小乘自我解脫的「自了漢」行徑，小乘者也不必嘲笑大乘流轉人間，不求解脫。因為一個內心寂靜、悲智具足且平衡的人，在面對各類眾生與各種情境時，他會知道應該如何回應，而這些回應的語言或行為，都是在慈悲與智慧的基礎上自然流露出來的。

10

他只是……，
結果怎會如此莫名其妙？

從一個事件說起

報上說有名學生在街上看了不良少年一眼，就被亂刀砍死了！

聽到這樣的眞實故事，一般人的反應是：「這未免太倒楣了！」繼之將它解釋成「這名學生一定是上輩子欠了不良少年」，甚至是「上輩子這不良少年一定被這學生殺了，所以今生才殺他」。這樣的說法，基本上是把此事件當作是「果」，但怎知它不是「因」呢？或許是這個不良少年今生欠了這名學生，來生要還也不一定呢？再者，造下殺業，其果報一定是被殺害嗎？這又是另一個問題。

因果現象是十分複雜的，有時我們無法從單一事件去判斷它到底是因還是果？更何況，眾生苦迫的因與果，往往彼此相互牽引、纏縛，輾轉互爲因果。當感受苦果之後，每每又再製造新的煩惱的業，而後又再招感苦果，就這樣輾轉相續，也因此我們很難切割哪一個是因，哪一個是果，尤其是當它橫跨悠遠的時空之時。

先不論前世今生的因果業報，就單從造作者今生的行爲上，應該可以找到一些端倪才對。

一事件包含各種因果關係

有個故事是這樣的：一位年輕人在超商門口打電話，神情十分激動，這時，另一位客人剛好從超商出來，看了他一眼，突然這年輕人刺了他一刀，這位與年輕人素昧平生的客人就這樣枉死了！

聽到的人都說，那位客人實在太倒楣了，如果早一點或晚一點去買東西就能逃過一劫。所有的人都譴責那個沒良心的年輕人，直說他一定是神經病！後來那位年輕人的女友說，那天他打電話向她求婚，誰知一言不合，兩人吵了起來，在爭吵間，年輕人氣得說：「你如果不答應嫁給我，我就去自殺！」「那你就去自殺吧！」女友想他一定不敢。「你以爲我不敢嗎？好，你不答應，我就去殺人！」

結果，就在那一刻，那位客人走出超商，看了他一眼，彷彿在嘲笑他，年輕人深覺被刺傷，失去理智的他將原本預藏要割腕自殺的刀，憤怒地刺了出去，直到對方呻吟倒下，他才驚覺自己鑄下了大錯！

當我們聽聞這樣的事件時，通常都習慣去議論殺人者與被殺者之間的因果關係，而這點往往是難以得知的；但若只是單純去看「殺人」這件事的因果，則是較能觀察到的：由於心生瞋怒，產生殺人的行爲，而得到入獄的果。

殺人的行爲不會憑空發生，它來自於瞋怒的惡因，最終產生的苦果，是如此令人怵目驚心！在失去理智的情況下，人可能做出自己無法想像的事，甚至傷及無辜，而這果報也永遠會回到自己身上，這是絲毫不爽的。還有，那位客人曾經看了年輕人一眼，他的眼神中傳達了什麼，我們無法得知。我們可以說是年輕人多心了，也可能是年輕人感覺那位客人嘲諷他，因此加深、加速了這場悲劇。

一個事件包含了各種因果關係，同時有許多種層次的因果在運作，有許多端倪值得我們注意，與其去探討殺人與被殺者之間的因果關係，倒不如去留意爲什麼一念瞋心的「因」，會引發嚴重的殺人入獄的「果」？

無辜的受害者

也有人說，很多小嬰兒根本沒得罪什麼人卻被殺害，那又怎麼解釋呢？

這的確是很難回答的問題，有時和他自己似乎沒什麼關聯，卻可能與他的家人有關（但主要的因一定是與他自己有關，而這又可能涉及過去世的問題）。總之，「法不孤起，仗境方生」、「此有故彼有，此生故彼生」，絕不是無因而生，只是我們還沒觀察清楚這些因、緣、果之間的關係罷了。

此外，還有許多社會事件也令人不解：

「電視報導有兩個姊妹，因父母吵架，就相偕投河自殺，父母傷心欲絕，悔恨萬分，他們不明白爲什麼只是吵架，就導致小孩自殺呢？」

「有個老人被送到養老院去了，他的幾個孩子不是當醫生，就是開公司，卻從來不管父親的死活。他一生辛苦地賺錢養家，連退休金都給了孩子，現在該得到這種報應嗎？」

「張老太太晚景淒涼，現在雖和老二同住，但媳婦對她十分苛刻，原因竟然只是多年前媳婦懷孕時，張老太太忙做生意沒空幫她做月子，這豈不太匪夷所思了？」

聽到的人都會說：「這些人並沒有做什麼壞事，實在不應該得到這樣的果報！」

我們不妨從以下幾點來思考：一、事情的發生，其「因」有很多，你看清楚每一個「因」了嗎？二、因果現象錯綜複雜，每一因與每一果之間，你對應得正確嗎？三、從因到果，還需要「緣」的促成，包括經過時空的轉換才能成熟，你觀察到了嗎？四、造如是因，得如是果，因果從自己身上發生，最後還是回到自己身上，你深信這原則嗎？

通常我們所看到的因，其實是壓死駱駝的最後一根草，也可能是冰山的一角，再不就是將甲果推論爲乙因所造成，或者認爲有因沒有果、善因沒有生樂果等等。我們須以更寬廣的視野來全面而深刻地觀察因果，才有可能對複雜的因果現象與甚深的因果理則了解一二。

謹慎看待因果

當年美國「九一一」事件發生時，也有許多人憤憤不平，爲那些死亡飛機上的乘客抱屈，他們是多麼無辜，他（她）可能一生奉公守法，也可能是個慈愛的母親、孝順的孩子，卻落得如此下場，這不是太可憐了嗎？因果怎麼解釋這些現象呢？

每個人都有各自的因緣，有個別的業力，也有共同的業力，因緣成熟時，結果就呈顯在眼前了，要一一解釋那些乘客爲何會得到這果報，是很困難的。而這個恐怖份子攻擊事件說明了一個眞理：不要小看個人的不善念，一個不善念中可能含藏著巨大的負面能量，引發意想不到的結果，足以毀滅整個世界。

在因緣法中，煩惱不再是個人的煩惱，而可能「牽一髮足以動全身」地與社會或世界息息相關。個人的因果與大社會的因果，結合成我們無法想像的緊密網絡。今日的社會中，個體與個體、個體與團體的關係是如此密切，個人的煩惱可能引發他人的煩惱，導致相互連結又錯綜複雜的苦惱。這也迫使我們去思索：現今我們所應注意的因果課題，或許已經不再是個人修身養性或修行自了的層面，而甚至是一個整體人類共同的存亡問題。因此，在看待因果時，應該更謹愼才是。

因果的天平

如此說來，因與果似乎無法相等？在天平上的比重，有時似乎「因」較輕，「果」則過重？

有的小因的確可能生大果，「莫輕小惡，以爲無殃，水滴雖微，漸盈大器，凡罪充滿，從小積成」；「莫輕小善，以爲無福，水滴雖微，漸盈大器，凡福充滿，從纖纖積。」通常我們只看到小因與大果，卻不知道從因到果，會不斷增長廣大，就看我們給予它什麼因緣。這也是爲什麼我們常看到一些勉勵人的話：「莫以善小而不爲，莫以惡小而爲之」，這些微小的善惡心念、行爲，久而久之會成爲我們的習慣，甚至成爲思想與生命風格的一部分，我們能不臨深履薄地小心謹愼嗎？

此外，個人的意志、心念的力量，也會影響到「果」的形成。就好像一粒種子卻能豐收無限果實一樣，微小的善惡因，能感得廣大苦樂果，因、果如何畫上等號？如果因就等於果，那才是眞正是注定了，無法改變。「因」一定不同於「果」，這之中一定有

「緣」的變化，每一個緣可能又成爲一個新的因，產生新的果，而這果可能又是一個新的因……。這些變化的因素，就是我們在面對因果時可爲的空間。

在每個當下，你怎麼面對每個流過眼前的因緣呢？

11

惡魔也有溫柔的一面，
善、惡有一定的標準嗎？

沒有永遠的、完全的壞人

常看到報章雜誌上報導，許多轟動一時的社會案件，那些殺人不眨眼的凶嫌，私底下是個孝順的好兒子或顧家的好丈夫，經媒體一報導，原本凶殘的殺手立刻搖身一變成愛太太、疼兒子的新好男人，「鐵漢柔情」還感動了不少人。一時之間，社會原本的價值觀似乎受到挑戰，「他也不是那麼壞啊！你看他好疼太太、孩子呢！」

的確，對父母來說，他是乖孩子；但對那些被他傷害的人來說，他可不是乖孩子了。對妻子來說，他是情深義重的好丈夫；但對那些被他殺死的人來說，他就是惡魔的化身了。竊盜犯可能是父母眼中的孝子，殺人犯也可能是妻子心裡的如意郎君，世界上沒有一個完全的好人、永遠的好人；相反地，我們也可以說，沒有一個完全的壞人、永遠的壞人。

善、惡都無時無刻不在我們的身心之中，相互交戰、同時並存，在不同的因緣中或面對不同的人、事、物時，便呈現出不同的面貌。人是多面的，如果我們只以單一、固定的角度去看待別人，就不免產生許多疑問。

面對一個人，我們不能以偏概全，孝順的善因，將得樂果、善報；竊盜的惡因，也將得苦果、惡報。善惡各有其因果，是無法相互抵銷的，但這些會在我們身心當中產生奇妙的綜合效果，使人有善有惡、時善時惡。

以慈悲、智慧超越善與惡

至於善、惡的價值判斷，原本就不是絕對的，而是相對的。過去婦女不貞會被認爲傷風敗俗，甚至可能被處以極刑；而今婦女婚外情，不僅司空見慣，社會也不會如古代那般嚴加撻伐。古今標準不一，異地的價值也迥異，一夫多妻在台灣是重婚罪，在回教國家卻是一種風俗。

雖然善、惡沒有一定的標準，但我們看待世間種種的人與事時，還是應有一個普遍可以判斷的準則，一個不論在任何時空都能適用的原則。佛教認爲所謂的惡（不善）是指貪、瞋、癡，只要是會傷害自己、他人或自他雙方的心念、行爲，會造成自己與他人苦惱的，都是不善的。相對地，所謂的善，就是無貪、無瞋、無癡，只要是有益自己、他人或自他雙方的心念與行為，能使自己與他人遠離煩惱的，都稱為「善」。

佛教主張「諸惡莫作，諸善奉行」，別小看這句話，做起來還真不容易。對於未生的善，我們要令其生起，對於已生的善，要令其增長；相對地，對於未生的惡，我們要令其不生，對於已生的惡，則要令其斷除。

此外，佛陀還教導我們要觀察諸法的生滅，不論是善法、不善法，都是依待因緣而生起與壞滅，於其中沒有一個永恆不變的主宰，有的只是眾多因緣的結合。不生染著，無所執取，以空性的心看待世間，那麼，不論遇到任何事情，都能以智慧做出適切的抉擇，不至於隨波逐流、人云亦云。

再者，想想我們自己，都曾在心中生起貪欲、瞋怒、愚癡等不善念，也曾不由自主地做出傷害自他的行為，同樣都希望獲得諒解……，如此，對於他人的貪、瞋、癡就能以同理的平等心面對，而以慈悲的心對待眾生。當我們增長一點點慈悲與智慧時，才有可能眞正超越善、惡。

12

平生不做虧心事，橫逆卻老是來敲門？

眞的沒做「虧心事」嗎？

有許多人認爲自己一生沒有做過什麼虧心事，雖非大善之人，但也絕非大惡之人，既然如此，應該一生平平順順才是，爲什麼還會屢遭橫逆？

眞的沒做「虧心事」嗎？所謂的「沒有大善、大惡」，這善與惡、大與小的定義是什麼？我們的認知不見得與事實相符。

佛教對於善、惡業的判斷標準，是著重在動機，而不在結果。如果你的出發點是善意的，即使採取的行爲一般人無法接受，造作的還是善業。如佛經中說，菩薩爲了救一船的人，而殺了一個惡人。相反地，如果一個人表面上做的是善事，但實際上是出於不善的動機，這還是造作了惡業。有時，善人、惡人與好事、壞事並不能從表面判斷。

還有些人的價值觀與眾不同，他對「虧心事」的判斷標準與一般人大相逕庭，他一切的作爲只爲滿足自己的需要，他自認爲沒做虧心事，但所做的事情卻於理不容、於法無據、於情不合。或者他會將「虧心事」合理化，例如：「我也是不得已的」、「這只能怪他命不好啦，不用我害他，他也同樣慘啦！」

有個眞實故事是這樣的：一位自幼失怙的年輕人從小寄住親戚家中，長大後就在其店裡幫忙，由於日前遭誣陷盜用公款，他氣憤不過，又回想起親戚平日刻薄的對待，一時想不開就在親戚家中自殺了，並留下遺書說「以死證明自己的清白」。事發之後，大家都覺得年輕人死得實在不值得，為他坎坷的遭遇深感同情。沒想到這位親戚竟然說：「又不是我叫他死的，是他自己要死的，死就死了，幹嘛還要死在我家裡？」又說：「我待他不薄呢！」有人問：「你會不會害怕？」他回答：「我又沒做虧心事，怕什麼？」

人是善忘的、健忘的

像這樣的人，當然只能說他有「特異功能」了。對一般人來說，還不至於這樣枉顧事實。不過，人眞的是善忘、健忘的，很多時候，我們自認為沒做虧心事，其實不是沒有，而是記憶模糊了；人也是遲鈍的，我們自認為沒有對不起任何人，但有時卻是傷害別人而不自知。所謂的「虧心事」，不見得記在自己的心中，也有可能留在別人的記憶裡。

我們連這輩子的事情都記不得了，又何況是上輩子的事呢？如果回到「因果橫跨三世」的前提，那麼我們實在無法得知自己過去世是否做過虧心事。人的心念與行爲，眞的十分細微與複雜，而人的覺知力又十分有限，可說時而昏昧，時而清醒。你的記憶又能及於多久、多遠以前呢？尤其一上年紀，連前一刻說過的話、做過的動作、看過的東西，都會印象模糊。正因爲人實在太有限了，今生已無法念念分明，更遑論過去世了。

我們不知自己在過去的哪個時空、面對哪個眾生時，曾經做過有害於他人的行爲，或曾經起過哪種不善念？說眞的，我們很難說自己沒做過「虧心事」，而這些「虧心事」會對別人產生什麼直接或間接的影響，我們也同樣一無所知。

這也是爲什麼修行學佛的人每天都要懺悔：「往昔所造諸惡業，皆由無始貪瞋癡，從身語意之所生，一切我今皆懺悔。」這不是用道德原罪的角度，來使人產生罪惡感，進而尋求佛、菩薩的救贖；而是對自己的有所不知、有所不能保留空間，每天都能心虛地提醒自己的不圓滿，從而改善自己的行爲。

時時淨化、昇華自己的心念

除了懺悔過去生可能由於無知所犯的錯誤，每天新的開始還要發善願，來面對一切眾生。如每天一踏出房門，一舉起步伐，便要默念：「從朝寅旦直至暮，一切眾生自迴護，若於足下喪身形，願汝即時生淨土。」在每個當下，應具足醒覺與慈悲地發願，不論做任何行爲，見到任何眾生，或處於任何情境，皆清清楚楚、明明白白，把心量向無限的佛道擴展。

像這樣優美的生活藝術，在《華嚴經．淨行品》中俯拾即是。例如：

「若舉於足，當願眾生，出生死海，具眾善法。」

「大小便時，當願眾生，棄貪瞋癡，蠲除罪法。」

「盛暑炎毒，當願眾生，捨離眾惱，一切皆盡。」

「暑退涼初，當願眾生，證無上法，究竟清涼。」
「若見大柱，當願眾生，離我諍心，無有忿恨。」
「若見流水，當願眾生，得善意欲，洗除惑垢。」
「正身端坐，當願眾生，坐菩提座，心無所著。」
「結跏趺坐，當願眾生，善根堅固，得不動地。」
「見歡樂人，當願眾生，常得安樂，樂供養佛。」
「見苦惱人，當願眾生，獲根本智，滅除眾苦。」
「見無病人，當願眾生，入眞實慧，永無病惱。」
「見疾病人，當願眾生，知身空寂，離乖諍法。」

如果我們可以時時刻刻都淨化、昇華自己的心念，活在醒覺與慈悲之中，對於往昔所造的諸惡業不逃避，對於現前的每一刻了了分明，對於未來的人生方向不失藍圖與信心，如此，又怎麼會害怕自己有沒有做「虧心事」呢？雖然我們不知道自己是否有做虧

心事，但願意在每一刻發好願，面對一切人、事、物，生命就會慢慢趨向正面與光明。

當面臨生活中任何的境遇，讓我們開始學習《華嚴經・淨行品》中所教導的，發一個善願面對，把一切善念、善行都迴向佛道，並願眾生也如是學習。

是誰多事種芭蕉——

非因計因

日常生活中，我們很多的煩惱都來自於歸因錯誤，
以為是誰多事種芭蕉，
其實是因為自己錯解事情發生的真正原因，
以至於種了芭蕉又怨芭蕉……

走出苦行林

悉達多走進了苦行林。他向車伕車匿揮揮手，揮別了昔日王子尊貴的身分與享用不盡的榮華，以及父母、妻兒的親情，獨自邁向尋道的旅程。從此，他只是一個求道的沙門。

聽說苦行林裡有許多修行高超的人，他們或裸形，或臥於荊棘上，或用沙土塗身，或終日站立……，修習著種種苦行。也有些人鎮日於林間深處禪坐，追求著更高的禪定。

當時，修習禪定最有名的是阿羅藍仙人、鬱陀仙人。悉達多先後追隨他們修行「無所有處定」、「非想非非想處定」，並且很快達到這樣的境界。可是，他發現這仍無法根本解決他的苦惱，還是無法超出生死的輪迴。他決定自己去解開生死的疑惑，找出真正的解脫之道。

後來，悉達多落腳於尼連禪河西岸優樓頻羅村外的苦行林。他採用了當時除了禪定之外的重要修行方法——苦行，來解答生命的疑惑。他每日僅食一麻一麥，經六年之久，悉達多已氣若游絲、骨瘦如柴，宛如風中的殘燭。他最終體會到：苦行的苦與禪定的樂，都不是解脫煩惱、生死的真正原因。

他走出了苦行林，接受牧羊女的乳糜供養。

就在尼連禪河外的一棵菩提樹下，恢復體力後的悉達多，重新調整修行的方法，他坐上以吉祥草鋪成的金剛座之後，發願：「若不成正覺，誓不離此座。」四十九天後的一個夜晚，當明星劃破天際，悉達多證悟了，成就無上正等正覺，成為「佛陀」——一個完全覺悟的人。

走出苦行林的佛陀，開啓了覺悟的契機，啓發我們：放棄無益的修行概念與方法，以不苦不樂的中道法則，在自己的身心之中觀察緣起，證得無常、無我的真理，才能止息煩惱、超越輪迴。

佛陀走出苦行林，因為他發現苦行與禪定並非解脫真正的原因。

有些人相信因果，但常常在歸納原因時，將錯誤的原因當作正確的原因。

佛陀也曾和我們一樣，非因計因，

但最後他走出苦行林，也走出錯誤的極端……。

13

一定是我上輩子欠他（她）的？

到底「欠」什麼？

有位王太太非常賢慧，但先生對她百般挑剔，不論她怎麼委曲求全都沒用。王太太常說：「算命的說我是上輩子欠他的，所以這輩子注定要還他！」

王太太知道上輩子欠先生什麼嗎？如果不知道，又要怎麼還呢？她以為這樣是在還債，或許根本就還錯了。要還債也要知道到底欠了人家什麼，否則自以為是地「還」了半天，依舊會覺得「負債累累」。或者你一直在「還」的東西，正是別人最不需要的，結果更造成惡性循環。

另一位李太太一直不明白自己哪裡做不好，為什麼先生對她如此冷漠，是不是自己上輩子欠他的……。答案其實很簡單，原來李太太習慣用命令的語氣說話，偏偏先生從小在威權的環境下長大，十分抗拒威權，卻又向內壓抑，不擅於表達。結婚之後，他無法忍受太太老是用命令的語氣對他說話。這就是他們之間最大的問題，若說他們之間「欠」了什麼，應該就是「欠」溝通與相互了解吧。

把握今生，珍惜當下

當夫妻相處不和諧時，當事人有時會歸因成一個不可知的前世欠債問題，但是如果不知今生「欠」了什麼，又怎知前世呢？就時間而言，誰都不可能回到過去改變歷史，所能掌握的只有當下。若一直將現在的挫折解釋成前世欠債而今生須償還的話，只會更加感到無奈。

前世已經不可知，也無從追究，不如從可看見、可掌握的今生去探索原因，再針對此原因去解決問題。若是歸因錯誤，將無法解決煩惱。眞正的問題是夫妻雙方個性的差異，或環境的因素，或缺乏善意的溝通，或者根本在於感情基礎十分薄弱……。這種種情況必須當事人去反省與溝通，而非單靠算命或通靈人士的三言兩語便可改善。

佛法的因緣觀絕不是宿命論，它是在我們的身心之中、在感官與外境接觸的當下，可以去觀察、思惟與解決的。因此，不必和不可知的過去抗衡，爲所不知的事情贖罪，更不要讓自己變成神意所操控的傀儡。

以願力轉業力

就算是上輩子眞的欠了什麼，佛法有個很積極而正面的想法，那就是「用願力轉業力」，如果我們的願力夠大、夠強，就可以扭轉命運。這就是在「因、緣、果」的「緣」上作改變，改變自己原有的想法與行爲，就有改善的可能。

所以，在果報成熟的過程中，「緣」是十分重要的因素。只有因，沒有緣，果也不會成熟。因已形成，我們所能做的就是改變緣。如果所種的是惡因，但多造善緣，雖然最終還是得到苦果，但是至少已有所轉變，重業或可輕受。

別簡化因果

我們常常忽略當事人所說的「一定是我上輩子欠他的」這句話，其背後所要表達的眞正想法。另一位孫太太一直忍受先生的婚姻暴力，旁人都覺得她在經濟上足以獨立，孩子也已慢慢長大自立，她實在沒有必要這麼「犧牲」，忍耐這種婚姻。但她怎樣就是不願意離婚，她常說的就是「這是我上輩子欠他的，我還完就好了」。其實眞正的原因是她仍十分愛著先生，根本就不願與他分開，而這句「這是我上輩子欠他的，我還完就好了」，也只是她告訴自己與別人的理由罷了，同時也用這句話來掩飾自己某種程度的鄉愿。

當然，當婚姻出現危機時，離婚是否就是最好的選擇，其實沒有絕對的答案，還是必須由當事人雙方思考過後看清問題原因，找出解決的辦法。對於欠不欠債的問題，誰欠誰還很難說呢！

我們不必以「上輩子誰欠誰」來思考因果的問題，因爲這只說明了一種人與人、人與事、人與物之間的互動關係。由於世間是緣起無常的，在這種看似固定的互動關係中，同時也包含了一切的可能性。而這其中又牽涉到個人心態的問題，包含了更大的彈性，若我們只說一個「欠」與一個「還」字，未免把因果太過於簡化了。

注入新的生命力量

有人會說，對於比較理性可以判斷的人而言，可以如此去分析；但對於一些沒受過教育的婦女，她被先生毆打了大半輩子，一直自怨自艾，直到學佛後，師父告訴她：「這是你上輩子欠先生的，還完就沒事了，並且要把他當作一尊菩薩或一位眾生，以歡喜心來面對。」結果她照做了，現在過得好快樂啊！這樣「欠」與「還」的觀念，有什麼不好呢？

因果關係中的確也有「欠」與「還」的關係，只是我們現在所遇到的是「欠」與「還」的問題嗎？如果是，到底「欠」了什麼？我們「還」對了嗎？我們對「欠」與「還」互動關係的心態是什麼呢？不論受過多少教育，處於社會的哪個階層，學佛者應如實看清因果的現象，對自己的身心與外在因緣了了分明。如果那位婦女只停留在「欠了他就是要還他，還完就沒事了」，那麼，請問誰來告訴她如何才算還完了？又應還到哪一天呢？

眞正的關鍵應在於當事人把先生當作一尊菩薩或一位眾生，以歡喜心來面對他，而轉變了自己的業力，如此是在傳統的「欠」與「還」的道德觀念中，加入了新的生命力量，無形中改變了彼此的相處關係。而且就算一時還無法改變，也不會影響自己一直願意「還」下去的心願。對學佛者來說，一個與自己毫無關係的眾生，都願意以歡喜心與之結緣了，更何況是身邊那個自己認爲「欠」了他的人？當我們在「欠」與「還」的層次上，有個更高的中心思想在指引時，生命的境界已有所提昇，人生便已走出另一條路了。

14

都是××惹的禍？

怪只怪月亮與香水百合

幾年前有首流行歌曲叫「都是月亮惹的禍」，其中有段歌詞這麼寫著：「我承認都是月亮惹的禍，那樣的月色太美你太溫柔，才會在剎那之間只想和你一起到白頭。」因爲月色太美了，以至於讓人一時意亂情迷，怪只怪月亮！

有位少婦結婚後，不久便後悔了，原因是求婚當時的氣氛太好了，那一大束香水百合美到不行，讓她剎時以爲自己是在城堡裡等待白馬王子的公主，一時感動便答應了求婚。結婚後才發現所託非人，王子立刻變成青蛙，馬車變成南瓜，公主變成灰姑娘。

在第三者的眼裡，月亮與香水百合，何錯之有？但在當事人的心中，都是月亮惹的禍，都是香水百合惹的禍。

你的八字好不好？

在我們周遭當替罪羔羊的月亮或香水百合，其實很多。有個朋友決定與太太離婚，原因是她的八字不好，不僅容易破財，婚姻不幸福，身體孱弱，注定潦倒一生，最可怕的是她的八字會剋夫，自從娶了她之後便諸事不順、厄運連連。算命的說他若不離婚，一生毫無指望……。而他正交往的外遇對象有幫夫運，若娶了她一定會大富大貴，於是他只好跟太太說聲抱歉，誰叫她八字不好呢？但眞是因爲太太的八字不好嗎？

八字預測命運準確與否，從古至今一直是一大課題。我們可以看到以八字去算，對照眞實人生，並非各個都靈驗，只能說是一個參考罷了。世界上每一分每一秒都有嬰兒誕生，具有相同的八字，難道他們的命運都相同嗎？由於性格、家庭、環境等因緣條件的差異，所形成的命運也大不相同。可見八字對人的命運影響是有限的，並非如此絕對而單一。這麼說來，連自己的八字都不見得準了，更遑論是影響別人？

風水從何說起？

除了八字之外，當厄運「替死鬼」的還有風水、命運等，以下的說法常見於日常生活中：

「這陣子生意這麼不好，一定是辦公室的風水不好！我得找個時間請人來改風水。」

「這陣子運氣非常不好，做什麼事都不順利，不知是祖先的風水有問題，還是命中注定有什麼劫難，我需要去改運嗎？」

「最近全家人都生病，神明說是對面的路口蓋了新大樓，我們變成路衝了，所以要趕快搬家，不能再住了！」

風水和八字一樣，也是世間因緣條件之一，並非絕無影響力，如聽高人的指點，將辦公室的桌椅換了位置，或擺了個魚缸，心情自然變得愉悅，工作起來事半功倍，這也是影響之一。但是這影響的範圍與力量到底有多大，就值得商榷了。若不努力工作，即使放個魚缸養隻鬥魚，也不能「鬥掉小人與霉運」；在辦公桌的東南方，放一盆馬拉巴利「發財樹」，四十九天後也不能「催化財運」。

風水是因人而異的，所謂「福地福人居」，從內心改變起，比外在環境的改變來得更重要。宋朝白雲禪師說：「若能轉物即如來，春至山花處處開」，我們若能時時轉心念，向上、向善，自然「境隨心轉」，處處是好風水。台灣有名的肉身菩薩慈航法師說：「只要自覺心安，東西南北都好」，不論身處何時、何地、何種情境，重要的是要能心安，讓心住於善法之中，便能散發正面、光明的能量，進而影響周遭，而非讓外在變動不羈的環境所影響，變得患得患失。否則勞師動眾、疲於奔命、所費不貲地勤改風水，也是徒勞無功。

「嫂」等於「掃」？

另外，有個剛結婚的少婦，婆婆對她百般苛求，動不動就對她頤指氣使，小姑看到她更是退避三舍。奇怪的是，小姑也從來不叫她大嫂，原來是婆婆告訴懷孕的小姑說，「嫂」等於「掃」，不可叫大嫂，否則會被「掃」到。

這故事實在令人啼笑皆非，「嫂」是隨著姑嫂關係而來、自然且合理發生的稱謂，難道叫聲嫂嫂就能把霉運「掃」給別人嗎？這個嫂嫂是招誰惹誰了呢？但這樣的事情竟然發生在現代社會中，若不是那個婆婆與小姑太迷信，那就是欲加之罪，何患無辭了。

別再錯怪月亮與香水百合了

在這些事件中，若看不到合理的因果關係，光憑「自由心證」的發揮，編派各種奇奇怪怪的理由，只是徒惹笑話罷了。

眞正的智慧，是來自於徹底通達因緣觀後的抉擇；眞正的心安，也來自於觀照因緣後的坦然放下。假如我們不能在自己的身心以及所處的世界中，找到安住之道，一味地向外馳求，怨天尤人、胡亂歸因，將會帶給自己與他人更多的煩惱。

因此，別再錯怪月亮與香水百合了，與某個對象交往、結婚，都是自己的抉擇，月亮與香水百合只是其中一個因緣，並非主導你選擇的關鍵。即使是個沒有月亮的夜晚或未送香水百合的場合，你可能還是會做同樣的選擇，因爲這就是當下的你。

15

我只是欠栽培，
否則早已一飛沖天？

誰能許你幸福？

小張一直覺得很不得志，他認爲自己只是欠栽培，因爲父母沒栽培他，否則以他的聰明才智，今天的成就絕不只有如此而已。

像這樣的例子不勝枚舉，很多人常常慨嘆自己的家世背景不如別人好，父母無法提供更多。例如：「像我們這種沒有好的家世背景的人，不就永遠沒有翻身的餘地了嗎？我努力有什麼用，再怎麼樣也比不上別人有一對有錢的父母！」「我就是長得不討人喜歡，爲什麼父母沒有給我一張美麗的臉孔？讓我連升遷都競爭不過那個英俊的小王！」

不可否認地，外在環境對人的影響眞的很大，如果這些抱怨自己欠栽培的人得到自認爲的良好「栽培」，或許今天眞的會更有「成就」。但從另一個角度來看，得到良好的栽培，就一定有所成就嗎？虎父眞的無犬子嗎？環境是重要的因素，但不是決定一個人成功與否的唯一關鍵。

試想有一對雙胞胎兄弟，他們得到一模一樣的栽培，但他們的成就必定毫無差別嗎？結果可能並駕齊驅，也可能天壤之別，不是嗎？不論身處於何等情境之中，一個人對環境的回應才是最重要的。在困苦的環境中，需要有更多的努力與更大的毅力，如果先天環境沒有栽培我們，那麼後天環境則是自己可以創造的。尤其在今天資訊發達的社會，離開學校並不代表學習的結束，反而是多元學習的開始，就算從前父母、國家沒有栽培我們，今天我們仍可以終生學習的心，不斷自我成長，創造成功的機會。

與其感嘆逝去的機運與未得的栽培，不如積極爲自己打造一個希望的未來，找出自己「成就只有這樣」的眞正原因，從「因」去改善，而這功課是別人替代不了的，只有自己最了解自己，除了自己，誰能許你幸福？

自己是自己業力的主人

依據佛法的觀點，人都是隨著業力的牽引來到世間，今生一切的遭遇都是自己過去生所造，因此我們是自己業力的承受者，也是自己業力的主人。一般人常說「人不能選擇父母」，但佛法認爲眾生的「正報」——身心，以及依報——身心所召感、受用和依止的一切外緣境物世界，如山河大地、房舍器具、父母眷屬等等，都是自己過去世的業力所召感而來的。

由此看來，今生的父母是自己在不知不覺中所選擇的，因為業力的牽引所致，才有今生成為父母、子女的甚深因緣。而過去所結的善緣、惡緣的多寡，也會影響今生的互動與相處。總之，一切都是自己的業力所造、所感，不論呈現出何種景況，都必須自己去承受，並盡力在其中創造新的善緣，造作新的善業，使未來趨向光明。

長江與扁擔

人生要如何才算有成就？在不同的社會、不同的時代中有不同的定義，每個人的定義也不盡相同，這牽涉到價值觀的問題。貧困的父母或許給了子女溫暖的愛與良好的身教，這是只注重提供物質的父母所無法給予的「栽培」。

為人父母者都已盡其所能地栽培自己的子女，只是不知子女是否感受得到？小張抱怨為何父母不是總經理、醫生、教授，使他比別人辛苦的同時，他忘記了其實他的境遇雖比上不足，但也比下有餘了，實在不能說父母對不起他。父母已把他養育成人，其他如工作、婚姻，乃至養育下一代等人生大事，又怎能再要求父母來承擔，父母要爲子女付出到何時呢？要做多少才算足夠呢？

當我們抱怨父母栽培不夠時，不妨試想，如果子女問你爲什麼不像王永慶那般富裕而給他良好的栽培時，你作何感想？當我們抱怨父母沒有提供更多時，是否曾想過在未來的日子裡，我們又能爲他們做什麼？在現代社會中，能夠孝養父母終老的人已經不多，我們能像父母照顧自己成長般孝養年邁的雙親嗎？恐怕很多人是做不到的。

《遊子吟》說：「誰言寸草心，報得三春暉」，有句客家諺語則說：「父母疼子女如長江水，子女想父母如扁擔長」，微小的寸草之心如何回報無邊的春日光暉；區區扁擔之長，又怎能與綿延不絕的長江相比？若能於父母恩情思及一二，或許就不會有那些怨懟與缺憾了。

16

都是你的錯？
都是我的錯？

都是別人的錯——我不可以錯！

很少人願意承認自己的錯，一旦遇到事情，不是找理由推託，就是打死不承認。若說錯在別人，是直接反應；若說錯在自己，卻牽涉到面子問題。尤其是父母面對子女，或老師面對學生、長輩面對晚輩，是很難坦承自己犯錯的。在現代多元、民主的社會，若老是以父母、老師或長輩的權威來行事，就算一時片刻可以處理，長此以往仍舊無法根本解決問題。

佛法說「遇緣則有師」，在各種因緣裡，各樣的人都可以在不同的地方當我們的老師，給我們不同的啓發。如果我們一直堅持「我」是老師，「我」是爸爸（媽媽），「我」是長輩……，不肯把自己執持且習以爲常的角色稍微鬆動的話，久而久之，就會與他人、時代產生巨大的鴻溝。

承認自己的錯誤是修行的第一步，坦然接受自己的不足與不能是很重要的，因爲知道自己不是完人，當別人指正時，內心便能有空間接受不同的想法，願意回頭檢視自己，進而有所調整。如果一直認爲自己認知的絕對正確，就毫無進步的可能了。爲自己與他人留點因緣的空間，留片土地，等待另一次花季，也是很美的，不是嗎？

反正都是我的錯

還有另一種情況，使我們無法眞正看清事情因緣的發展，那就是認爲一切都是自己的錯。這樣的想法雖不致把問題推給別人，但也會爲自己帶來煩惱。有些人很容易自責，尤其學佛的人更是如此。一發生事情就認爲一切都是自己的錯，「我就是這麼糟糕」、「我實在沒辦法改變」等等。

學佛的確要「反求諸己」，但無須把一切責任都攬在身上，無形中把自己塑造成悲劇英雄，時時準備慷慨赴義。畢竟在現實因緣之中，仍可以找出清楚的是非對錯，責任的歸屬也可分辨。

很多常把責任往自己身上攬的人，多半都不快樂，爲什麼呢？因爲他（她）們將錯誤歸咎於自己時，常常並不清楚事實的眞相如何，而只是出於一種「承擔慣了」的習慣或是一種犧牲式的心情，「這樣可以爲其他人解圍」，甚至是「你們每次都說是我的錯，那就算我的錯好了！」等等。

像這種情況，除非當事人具有很大的悲心與願力，或一種徹底放下我執的坦蕩，否則心裡還是會有所不平。「爲什麼老是我錯呢？」「我就是這樣常做錯事的人嗎？」「我上次替他擔這個罪名，他竟然一點都不知感恩？」長久下來，身心往往失衡。

學佛是要讓自己的心愈來愈平靜，如果我們還未準備好當一個捨己爲人的菩薩，那就別太勉強自己。

看清因緣，不落兩邊

認爲「一切都是別人的錯」或「一切都是我的錯」，都源自於強烈的我執，前者因害怕自己的面子有損，而採取激烈的自我保護手段；後者則是渴望得到別人的肯定，因此以退爲進，也有可能是害怕別人的責備，築起防堵牆來自我防衛。

這兩者都是落入兩邊，遠離中道。眞正的中道是如實看清楚因緣的變化，「是什麼就是什麼」，不加入無謂的臆測或情感、道德式的自我勸說。審視因緣的生、住、異、滅，明瞭「此有故彼有，此生故彼生」的相互依存關係，我們會知道彼此該承擔什麼？相互怪罪、推諉責任或過度自責，都無法解決問題。

檳榔與蝸牛VS.茄子與蛤蟆

夏秋之際，夜晚出門時，我常會一個不小心踩到門前從檳榔樹落下的果實，每次都以為踩到蝸牛而嚇一大跳！在昏黃的燈光下，兩者同樣都是橢圓、黃褐又大小接近的物體，往往還眞難以分辨。這時，我就像禪宗公案裡踩到茄子卻誤以為母蛤蟆的僧人，踩到的剎那總是內心頓生疑懼，待低頭細細看清楚後，又隨之釋懷。

當人自覺犯錯時，害怕、恐懼、擔憂、懊惱、悔恨等是生命中很容易生起的情緒，誰能把這些負面情緒逐出心中呢？解鈴還需繫鈴人，拿出勇氣看清事實、面對自己，才能制止煩惱無限制地延續、擴展下去。

我不禁想著，公案中的僧人若眞踩到隻懷孕的母蛤蟆，而我也眞踩到蝸牛，又該怎麼辦？若是如此，只好接受事實，至誠懇切地懺悔，為其念佛迴向，並提醒自己以後走路要留意足下，切莫再犯同樣的錯誤。否則沉溺在憂悔的情緒中，也於事無補。

修行的過程中，誰無過失？修行人的可貴不在於永不犯錯，而是能不斷修正自己的心念、行為。在修正之前，則須誠實面對自己。

泰國高僧阿姜查說：「當人們無法面對自己時，便無法感到平靜。那麼，他們還能在哪裡找到平靜呢？即使是到了佛陀成道之地，也不會有更接近眞理的感覺。」如實觀照並面對，是獲得內心平靜的最好方式。

因此，不論踩到的是茄子還是母蛤蟆，是檳榔還是蝸牛，都只能直下承擔吧！

17

一切都是環境造成，他也是無辜的？

隨風飄下的落葉

常聽人說某人今天會變成不良少年，都是社會造成的，「現在社會這麼亂，誘惑那麼多！他是無辜的，怎麼能怪他呢？」或認爲某人的問題都是家庭造成的，「你看，他父母一天到晚都不管他，他才會出去交到壞朋友！」

這樣的說法乍聽之下頗有道理，其實似是而非。其背後的心態是認爲一切都是環境造成的，當事人無須負行爲責任。但是他本身眞的沒有責任嗎？如果是社會或家庭造成的，爲什麼社會或家庭不把他造成一個好孩子，而要造成一個壞孩子呢？一個人的人格會受到多方面的影響，家庭、社會固然有其不可避免的責任，行爲的主體當事人更掌握了決定性的關鍵。

許多社會案件的當事人都來自於不健全的家庭，成長的過程當中，的確比別人更辛苦。在周遭的環境並不具良善的因緣條件時，很自然地在半推半就或順水推舟的情況下，沉淪到社會的底層去了。就如一片隨風飄下的落葉，在風中打轉後落在水面上，不知要漂流到何處，自己也無能為力。

面對不利的因緣，需要更大的智慧與毅力，才有可能不隨環境流轉，走出自己的一片天地。

隨順因緣與創造因緣

學佛的人常說「隨順因緣」，「隨順因緣」原本是佛法中一個很好的想法，教導我們放下我執，因緣未具足時，不要強求，隨順因緣的發展，做自己能做的事。然而，許多人都錯解了「隨順因緣」，而讓自己成為那片隨風飄下的落葉，以重力加速度的方式，在因緣中迷失了。

「隨順因緣」並不代表我們可以不做任何努力，沒有任何主見。在「隨順因緣」之前，要先學習「善觀因緣」，知道該如何隨順，否則只是沒有智慧、不必負責任而被人牽著走的「青暝牛」。

相對於隨順因緣，佛法中的另一個觀念「創造因緣」，便顯得格外重要。不論我們面對的先天因緣如何，由於無常的法則，都有創造的可能。即使是不善的因緣，我們也可以造好因、好緣來改善，最怕的是在不善的因緣中流轉、墮落了。

當然，創造因緣的前提，還是必須「善觀因緣」，不能暴虎馮河、孤注一擲。佛法說「心淨則國土淨」，若要淨化周遭的環境，我們得先淨化自己的心；若還做不到淨化自心，至少先多培養一些自覺與定力，如蓮花出於污泥，不要被環境所染污。在放棄舊有的、習慣的模式時，必須有所放捨；在觀察因緣、作抉擇之際，也要勇於承擔可能的風險與抉擇後的結果。

修剪過的紫芳草

最近種了一盆紫芳草，只要一進屋內，就聞到淡淡的幽香。那紫色的小花就像嫻靜的少女，安靜地在小小的角落裡，獨自散發芬芳，不在意別人是否瞧見她。

眼看著花期就快結束，按照花店老闆的交代與網路的種植方式，修剪的時候到了。可是它實在長得很好，花謝了，還可以觀賞葉子啊！眞的要剪嗎？剪了多醜啊！何況我也沒有把握。

一天過一天，花已全謝了，我還是沒動手。直到一天午后，聽到風吹過菩提樹的聲音，「春天來了嗎？」「我是不是趁著春天來臨時，把紫芳草修剪了，好讓它發芽呢？」終於，下定決心動手。

剛剪過的紫芳草，就像剛剛剃度的小沙彌。「哎呀！紫芳草怎麼變成這樣？」另一位法師驚訝地問道。「我為它剃度啦！」我開玩笑地說，心裡卻有些擔心是不是做錯了？不過既然決定了，就得承擔後果。

紫芳草不再美麗，但有著另一種清爽。我這樣自我安慰，卻不怎麼敢正眼瞧它。過了幾天，我鼓起勇氣湊到紫芳草面前。沒想到，它眞的冒出新芽了！嫩綠的小芽兒，對我伸出小小的手臂。我鬆了一口氣，深深慶幸自己的抉擇是對的。看來要善觀因緣、勇於承擔，還眞困難。

18

我們的幸或不幸，是由於神的賞罰？

要拜哪尊神較靈驗？

許多年前樂透彩盛行時，許多人爲求明牌而無所不用其極：或簽注家人、朋友的生日、結婚紀念日等；或從各種社會事件、國際大事中尋找靈感；或到富麗堂皇的寺廟、名不見經傳的鄉下小廟問神明，甚至到人煙罕至的荒野孤塚、陰氣森森的凶宅問鬼魂……。如今台灣流行的是大樂透，儘管有電腦選號，網路上依然有人在詢問：「請問要拜哪一間廟、拜哪一尊神比較靈驗、有感應？」

如果有人因此中了大獎，眞的是神明保佑嗎？

神明的確存在，也的確擁有某種力量，但我們必須認清：所謂「神明」並不是萬能的，更不是無私的，祂並未修行圓滿，人格仍有瑕疵，除非祂具足「無緣大慈、同體大悲」的願心、願力，否則同樣是爲了一己之利而與眾生進行利益的交換。

對於有求於神明的凡夫來說，這種交換式的功利信仰，不啻是挖東牆補西牆罷了。試想，天下哪有白吃的午餐？於是，我們就不斷地得在彼此利益的交換與妥協中，換取不穩定的保佑，何苦來哉？

我們可曾想過，到底是神明無條件的保佑呢？還是自己所付出的代價換來的？更何況，有的「神明」可是「請神容易送神難」，不是我們呼之即來、揮之即去的，到時可能又有另一個難題出現了。

菩薩不瘋狂

有些佛教徒不向神明祈求明牌，卻不免求佛陀或菩薩保佑，因爲他們神通廣大，一定會無條件地滿足眾生的希求。

佛陀只教導苦與苦的止息之道，教我們如何觀察身心與煩惱，保佑人賺錢這回事並不在他的管轄範圍內，而千處祈求千處現的觀世音菩薩也是不管這些事的。

有座佛寺供奉觀世音菩薩，村民們尊稱爲「大媽」，聽說「大媽」非常靈感，村民們常請回家膜拜。大家樂盛行時，村民們趨之若鶩，虔誠地祈求「大媽」賜予明牌。誰知「大媽」不僅沒有出示明牌，還告誡他們不可玩大家樂，以免傾家蕩產。這件事在村裡流傳了開來，大家都說觀世音菩薩眞是靈感，以後就沒有人敢向「大媽」求明牌了。

佛是老師，也是嚮導

除了佛教，所有的宗教都主張有神，神可以創造、安排世間的一切，且神的力量巨大無比，可以呼風喚雨，可以決定人的禍福吉凶。因此，人只有臣服於神，儘量討好祂，就可以換取神的施恩與救贖。

佛教卻是徹底的「無神論」，否定神的主宰力量，而認爲人的命運由自己的行爲來決定。佛與人的關係，迥異於神與人的關係。佛是老師，教導我們宇宙人生的眞理，所以我們要學習佛的慈悲與智慧，這就稱爲「學佛」。

佛是老師，老師與學生之間是多麼親切！他是覺者，是智慧與慈悲皆圓滿的人，不是喜怒無常、高高在上的神。而且佛陀說每個人都可以成佛，只要覺悟眞理、息滅煩惱，我們也可以成佛。而佛陀比我們先走了這條覺悟的道路，這條路以前的諸佛也曾走過，佛經中稱之爲「古仙人道」。這樣的說法，使人看到自己生命的力量與曙光。

《雜阿含經》中，佛陀和比丘們分享他的得道歷程時說：

我得古仙人道、古仙人逕、古仙人道跡，古仙人從此跡去，我今隨去。譬如有人遊於曠野，披荒覓路，忽遇故道古人行處，彼則隨行，漸漸前進，見故城邑、故王宮殿、園觀浴池、林木清淨。……

今我如是，得古仙人道、古仙人逕、古仙人跡，古仙人去處，我得隨去，謂八聖道，正見、正志、正語、正業、正命、正方便、正念、正定。我從彼道見老病死、老病死集、老病死滅、老病死滅道跡，見生、有、取、愛、受、觸、六入處、名色、識、行、行集、行滅、行滅道跡。我於此法自知自覺，成等正覺。

佛陀走過古仙人道，體證了覺悟的風光。他回過頭來，告訴這些仍「遊於曠野，披荒覓路」的行者，猶如嚮導一般，指引方向。「欲知山中路，先問過來人」，佛陀以自己親自實踐且領悟的修行之道教導我們，遠比那不可知的神蹟，來得真切。

佛在人間成佛

世間是因緣和合、成住壞空的，不是由神所創造。神如果創造了世間與世人，那麼，神又是誰創造的呢？佛陀告訴我們人間的可貴，勉勵我們在人間修行，因爲佛陀在人間成佛，也是從人修行成佛的。爲什麼呢？因爲人類有三種殊勝：

一、**慚愧**：人與動物的差別，便在於人有慚愧心，知道自己的不足，願意學習善法。

二、**智慧**：身爲萬物之靈的人類，除了生物本能，還能從經驗中得到智慧，來解決問題，改善環境與身心。

三、**堅忍**：人有毅力，爲了完成理想，能排除萬難、堅持到底。

此外，人間的環境苦樂參半，最適合修行，不會因太舒適而忘記追求眞理，也不會因太苦迫而無暇探索眞理。

佛陀的「即人成佛」給予我們極大的啓示，強調人的力量與可能性，只要我們願意修正自己的行爲，減少煩惱，轉染成淨，便能從人淨化成佛，而不必在神的旨意下生活。佛法從人本的立場，教導我們從神的旨意中解放出來。

眞理的追尋者

在《人類手冊》（佛使尊者著）的〈後記〉中，譯者喇達納儺陀比丘有段話令人印象深刻：

佛陀是眞的看透了人生，
他不隱瞞的把世間眞相告訴我們，
而他本身在覺悟後，對萬事萬物所採取的態度是冷靜和清醒的。
他要我們以清醒的頭腦和冷靜的態度好好地活著，

不爲世間一切事物忽喜忽憂。
他並不主張悲觀和消極，也不鼓勵積極和樂觀。
佛法給了我很正確的啓示——人生是一種嘗試，
嘗試從一切不滿意或痛苦的狀況中超脫出來。
我自己也正在努力地嘗試著，
但我不期望成功，或預測可能有的失敗。
我只是盡一個出家人的責任，去嘗試體會和領悟生命的眞諦。
今天我還活著，
那麼，我就應該好好的利用今天，
認清自己，認清這個五花八門的世界；
昨天已過去了，而明天又是那樣的不可期。
因此，我必須把握著那屬於「現在」的每一分、每一秒，
因爲處於「現在」之後，是已逝的過去，

而擺在「現在」之前的，是難於斷定的未來。

佛陀並不贊同任何人妄執著過去、現在和未來，

他只要我們依著佛法的觀點，謹愼而自然的與萬物一同生存著。

佛陀曾說過：「我是個一無所有的眞理追尋者。」祈願每個眾生都能成爲眞理的追尋者、踐行者，努力淨化自己與世間，學習看身心與世間因緣的生滅，不擔憂未來，不追悔過去，如實地活在當下，勇於承擔自己的生命。

19

都怪我沒有選對良辰吉日？

我該如何選對日子？

中國人做什麼事都喜歡挑選日子，舉凡嫁娶生產、喪葬出殯、修造動土、開業慶典、祭祀出行、喬遷入宅等等，莫不在事前精心挑選個黃道吉日、良辰吉時，好趨吉避凶，事事順利。

曾有位女士爲了鞏固得來不易的二度婚姻，從結婚典禮開始，每個細節均按照算命先生所選的時辰，進行各種繁複的儀式，只求夫妻和睦相處，婚姻美滿幸福。然而過了一年，三天一小吵，五天一大吵，先生又外遇了，她費盡心思維繫的婚姻依舊告吹。她一直抱怨一定是自己哪個地方沒有留意選好吉日吉時，才落得今日下場……。

無獨有偶，另一對夫妻則是多年打拼後買了新屋，就在歡歡喜喜入住後沒多久，正值壯年的先生突然車禍意外身亡了。太太傷心之餘去算命，算命先生說是因爲新居落成搬遷之日沒有選對時辰，男主人才會遭逢厄運，她很納悶那不是神明選的時間嗎？怎麼會這樣？

上述的當事人對自己的人生大事都懷抱著莫大的期望，生怕觸犯禁忌，小心謹慎地選擇良辰吉日，最後卻事與願違。選對日子眞的那麼重要嗎？要如何才能選對呢？

無常是不選日子的

我們不妨仔細想想，從古至今，在中國人的社會中，不論婚喪喜慶、開業入宅……，哪件人生大事沒有精心地挑選日子呢？但是，是否人人都好運一生、福祿雙全，公司業績都生意興隆、財源廣進了呢？事實的情況並非如此。可見當人生重大的事情來臨時，選擇一個我們認爲的良辰吉日，希望能達到日後順遂的美好期望，不見得可以如願。當結果不如預期時，又爲何一定是沒有選對時辰的原因呢？

人的生老病死是無法讓我們選擇的，一生境遇的高低起伏，以及人與人之間的聚散離合，都非人力所能左右。所謂「積聚皆銷散，崇高必墮落，合會要當離，有生無不死」，這首佛經有名的「四非常偈」告訴我們，財富、名位、眷屬，乃至自己的生命，都是無常的，終究會從盛而衰，就像花開終必花落一樣，花朵不能使自己永遠怒放在枝頭，沒有人可以將自己永遠維持在一個完美的狀態，這就是世間的定律，也是生命的實相。

當無常來臨時，是不會通知我們的，更不能讓我們選擇。「四非常偈」所說的財富、名位、眷屬、生命，難道沒有豐盈、強盛、和合、健朗之時嗎？之所以會消失、衰竭、離散、死歿，皆由於「時間」，經過時間的流動，各種因緣便開始產生推移，最後從有還無、由生而歿。

既然「時間」是造成生命最大變數的原因，而時間所帶來的無常是不能掌控的，那麼，我們在某個時間點上賦予人爲的設定，希望能使自己所期待的事物更長久、更美好，又怎麼可得呢？即使有，也是短暫的假象罷了。我們所認爲的選對日子與否，在無常的定律與自他業力的牽引之下，已是微不足道了。

把握當下，行善止惡

有一首蒙古歌謠「天上的風」，歌詞是這樣的：「天上的風變化無形，世間生靈來去匆匆，誰吃過長生的神丹，珍惜短暫的人生，歡樂吧，人們！高空中的風急緩不定，人生一世命不永恆，誰喝過永生的聖水，珍惜短暫的人生，奮鬥吧，人們！」勉勵人珍惜美好時光，積極開創理想。

當我們費盡心思爲某些重要事件擇日、擇時之際，莫忘了該珍惜每一寸光陰，把握每個當下，在尋常歲月裡用心，因爲「一彈指頃去來今」，生命稍縱即逝啊！

面對無常人生，佛陀教導我們修習「四正勤」，如細水長流般地精進不懈：一、已生惡令永斷：對已生之惡法，使永除斷。二、未生惡令不生：對未生之惡法，使更不生。三、已生善令增長：對已生之善法使增長。四、未生善令得生：對未生之善法使生起。時間對每個眾生都是平等的，皆從過去到現在，再從現在到未來，向前不停地奔流；時間也是中性的，每個時間點皆無所謂好與壞，只有時間流所經過的每個當下，自己身、口、意所產生的善業或惡業，才能眞正影響我們日後的人生。

所謂「好人無凶時，壞人無吉日」，若我們能時時心存善念，眾惡莫作，眾善奉行，那麼時時是好時、日日是好日，晝夜六時恆吉祥。

20

最近不順利，是不是祖先沒保佑？

牆那一邊的花

「即使你死了，我不願悲傷。死神不能永久把我們隔開。不過像牆頭的花，爬到牆的那一邊開出花來，看不見，可是依舊存在，它豈能把我們隔開。」（出自《荒漠甘泉》）

死亡是一種很奇妙的隔絕，也是一種很奇怪的分水嶺。活著的人與往生的親人，看似分開了，但又好像沒分開。

若說分開，是因爲我們再也看不見他們了；若說沒分開，是因爲覺得他們在冥冥之中還能保佑我們。就像牆頭的花，從另一邊開出花來，看不見，但依然與我們長相左右。

萬能的祖先

很多人常常在生活不順遂時，都會想：「是不是祖先沒保佑呢？」例如，家中小嬰兒半夜睡不好，常發燒感冒，有人便怪起祖先來了，說祖先沒保佑孩子，在捉弄孩子，以至於孩子不好照顧等等。也有人說我逢年過節都已準備豐盛的祭品，虔誠祭拜祖先，爲什麼祖先都不保佑我，卻反而讓我諸事不順……。

一般人之所以如此認爲，基本上是先相信祖先有保佑能力，而這保佑與子孫的禍福有很密切的關係。

爲什麼諸事不順心與祖先的保佑與否有關呢？祖先眞的有保佑能力嗎？諸事不順利，眞正的原因只有當事人自己才能知曉，那是由於個人的因素，還是外在的因素？是心態的問題，還是事相的問題？如果是個人的因素，那麼自己調整即可；假如是外在的因素，就必須去協調、改善。再者，如果是事相的問題，就單純針對事情處理；如果是心態的問題，就要反思是眞的不順利嗎？或者只是自己不滿意而已？而祖先是否保佑，我們又如何得知呢？

我們往往將對逝世親人的思念，轉化成一種希望與期待，期待他（她）能以另一種形式與我們在一起；加上中國人根深柢固地認爲「人死爲鬼，且鬼有保佑的能力」，因此，總會不由自主地把親人離開的遺憾感受，變成另一種希望他們保佑的期待，就像生前他（她）對我們的照顧、對家庭的眷戀一樣。

依照佛教的說法，人死不一定爲鬼，也可能投生到天、阿修羅、畜生、餓鬼、地獄等道。人死之時，除非有正念能往生淨土，或斷盡煩惱，不再輪迴；否則就是隨著習氣、業力，投生於前述的六道。所謂的祖先，自己都還在輪迴之中，尚未超脫，已自顧不暇、自身難保了，怎麼還有能力保佑子孫呢？

所以，怪罪祖先沒保佑實在沒什麼道理！他們生前都已經做牛做馬，爲家庭付出一生，死後還要保佑子孫，若子孫諸事不順便怪到祖先頭上，這樣對祖先是否要求太多，也太不可得了？更何況在現今的社會，我們也看到很多人活著時並不是稱職的父母，又如何希望他（她）死了之後就變得顧家了呢？

牆裡牆外

就算過世的親人，仍在另一個地方默默守護我們，但生死兩茫茫，牆裡牆外早已成兩個不同的世界，就讓他（她）在另一邊開花吧！

21

上輩子「造孽」，
今生才殘障？

莫當鐵口直斷的半仙

曾有朋友這麼問道：「殘障的人是不是上輩子造了什麼孽，這輩子才會殘障？」「造孽」是一般人所俗稱的說法，就佛教來說應該是指「造業」。不過業有善有惡，一般人說的似乎是指造惡業。接著，她又說：「佛經中不是都這麼說的嗎？什麼《三世因果報應經》、《地藏菩薩本願經》，還有好多善書、佛書，不是都這麼勸人向善的嗎？」

「諸惡莫作、眾善奉行」，是世間所有宗教與道德教化的共同層面，佛教在此層次上還提出了「自淨其意」——淨化自己的身心，放下對自己與世間的執著，這才是佛教不同於其他宗教之處。

那些談論因果的書，如果只著重在因果的事相，而未闡發其深刻的「因、緣、果」的理則，這是不夠的；如果我們只理解到「不要種惡因，以免得惡果」，也是不足的。這樣的想法充其量只是因為害怕惡果降臨己身，而不是眞正對世間的因緣果報有一份智慧的明察，從內心生出一份體貼眾生的悲心。因爲若能如此，自然就不會做傷害別人的事。

同樣地，當我們聽甲說乙「一定是上輩子做壞事，這輩子才會殘障」，甚至教小孩子「不要像他一樣做壞事哦！」值得思考的是，甲眞的很確定乙上輩子做了什麼壞事嗎？再者，甲如此說乙的心態又是如何呢？也許只是幸災樂禍，甚至也可能只是批評人的藉口。

而乙聽在心裡又作何感想呢？如果我們就是當事人，又如何知道自己上輩子做了什麼壞事呢？誰也不知道自己在遙遠的過去世曾做過什麼，可是一旦有人拿前世的過錯，當作今生某個缺憾的原罪，那眞是讓人無言以對。

總之，我們對於不確定的事，切莫拿來斬釘截鐵地論定別人的過失，因爲極有判斷錯誤、非因計因的可能；就算我們有神通可以看到對方過去世的因果，但基於慈悲心，都不應再火上加油、嘲笑指責。更何況，我們是如此地一無所知。

「今生會殘障，這畢竟是不好的果，那麼它的因也一定是不好的，這個因是什麼呢？」朋友又鍥而不捨地問。按照佛教的說法，這個果報是他自己所種的因所召感的。所有的一切苦惱、不圓滿，皆是由於我們的貪欲、瞋恚、愚癡等煩惱使然，因而造作種種不善的身、口、意等行爲，引發種種苦果。與其去探究過去世做了哪一件不可知的壞事，倒不如去觀察目前自己身心中的煩惱，行善止惡、自淨其意，還來得實際一些。何況恣意地論斷別人不幸的同時，自己無形中也造了許多口業，所以還是別當鐵口直斷的半仙吧。

生命的另一扇窗

今生得到殘障果報雖說是有所缺憾的，但它可能爲人生打開另一扇窗，使人看到不同的風景。奧運短跑金牌得主「黑羚羊」曾經就是個小兒痲痺的孩子，還有古今中外多少殘而不廢的例子，他們的生命因爲克服身體的缺憾而更加動人。在那些殘障人士中，或許正有許多向我們示現人間苦難、啓發人向上奮鬥的菩薩呢！

不論面臨何等遭遇，我們仍可決定是要爲它所困，還是要通過它，邁向前去。佛經中說人分為四種：第一種人是從黑暗走向黑暗；第二種人是從黑暗走向光明；第三種人是從光明走向黑暗；第四種人是從光明走向光明。這告訴我們，不論現在處於黑暗或光明，我們都有同樣的機會走向光明，也有可能掉入黑暗，一切就在你的一念之間。

徹底超越生命困境的道路

最後，朋友說：「我還是感覺佛教以因果報應來解釋殘障人士的果報，似乎有些嚴苛與殘忍，不像基督教、天主教般寬容，他們都會說上帝愛他們，感恩上帝所給予的考驗，殘障朋友在那些宗教裡似乎比較快樂。」

朋友所說的似乎也是許多人的看法，他們之所以有被接納的感受，或許是來自於神的赦免與愛，但由於佛教是無神的宗教，主張自己造業自己承受，自己是自己業力的承受者，也是業力的主導者，沒有人能主宰或救贖，當然就沒有赦免與被赦免的問題。

至於被愛的問題，神愛世人，是建立在世人信神的基礎上，但佛陀指引我們看到眞理，所相信的是經由自己思惟實踐並能達到解脫的眞理，佛陀悲憫一切眾生的苦，對眾生是一種沒有任何條件、平等的慈悲心，不論有緣與否，均予平等救度，眾生能否與佛相應，端看是否願意接受奉行佛陀所說的眞理了。

面對人生挫折，佛教與其他宗教同樣都教導我們以感恩的心去看待，這點應該是每一個宗教的基本精神。然而，爲什麼佛教在以因果解釋人生現象時，會有人說嚴苛或消極？或許是因爲中國人長期以來對「因果」的繆解使然，不是把因果迷信化就是庸俗化，而忽略佛教的因果論提出了一種全面觀照世間和自我身心的態度，指引出一條徹底超越生命困境的道路。

保持中道的心

巴利三藏《增支部》有段經文這麼寫道：

比丘們！若能時時如此，必有利於比丘：

在不厭惡處，覺察厭惡；在厭惡處，覺察不厭惡；

在不厭惡與厭惡中，覺察厭惡；
在厭惡與不厭惡中，覺察不厭惡；
避免厭惡與不厭惡，而住於捨、念與正知。

這段經文告訴我們，通常我們都對喜歡的東西產生貪求，對討厭的東西產生瞋惱，對誘人的東西產生愚癡。我們應該以平等心來觀察，不偏於任何一端，就能避免落入兩極化的思惟，遠離二元對立的執著，而以平衡中道的心行於世間。

面對自己或他人不幸的遭遇，我們也應該學習以平等心去看待，了知因緣果報的法則，無須怨天尤人，也不必幸災樂禍。如此，清清楚楚地保持正念、正知，心便能漸漸趨向於平靜、安穩。

22

久病不癒是業障病，要多作功德才會康復？

業障病，怎麼辦？

常聽到很多學佛的人說久病不癒一定是業障病、因果病，所以要多拜佛、多作功德，才會康復。例如，常見有居士來寺院請問，要作何種功課迴向才能治好業障病？對於他人勸告要到醫院檢查之事，他（她）不置可否，卻是忙著求大悲水、作功德。

宗教猶如人生險境中的一座懸崖峭壁，可以使人不慎失足，墜入萬丈深淵；也可以使人絕地逢生，找到新生。如果這時宗教人士把他（她）的「因果病」大肆渲染一番，再用「作功德」、「消業障」之說來蠱惑之，後果實在堪慮。相反地，如果此時所給予的是正確的引導——如何尋求有效的醫療，如何如實看待自己的身心，找出生病眞正的「因果」，不論原因是身體的或心理的、環境的、習慣的等等，就不至於破財又徒勞無功了。

人食五穀雜糧，生病在所難免，連佛陀也無法倖免。現代醫學發達，一旦生病，就必須接受醫生的診斷，無須諱疾忌醫，自己妄下定論說是「因果病」、「業障病」，一天到晚喝大悲水、參加法會，而延誤了治病的時間。

「業障病」的例子並非沒有，例如，某人臉上長了很奇怪的腫瘤，開刀、吃藥就是未見起色，後來有位高僧告訴他這是業障病，冤親債主找上門來，還了債，病自然就會好。所以，他精勤拜佛求懺悔，勉力布施，後來他的病果眞痊癒。在現代社會中，這些不藥而癒的例子聽來似乎是奇蹟，但也是事實。

有名的「人面瘡」故事

說起業障病，佛教中最有名的就是《慈悲三昧水懺》的由來，即唐朝悟達國師患人面瘡的例子。原來，國師的前世是袁盎，人面瘡的前世是晁錯，袁盎向漢景帝獻計，將晁錯腰斬於東市，因此晁錯累世都想報此血海深仇，無奈悟達國師十世爲高僧，持戒精嚴，晁錯因而無法報仇。誰知到這一世時，唐懿宗禮悟達爲國師，賜沉香座，他生起一念驕慢，名利薰心，讓晁錯找到機會，化身爲膝上的人面瘡，瘡上眉目口齒無不具備，並與人一樣可開口吞食，悟達國師自然疼痛非常。

他想起以前曾遇過的一位奇僧迦諾尊者，當時這位僧人身染惡疾，眾人紛紛走避，悟達國師不僅不嫌棄，還無微不至地照顧他。臨別之時，僧人囑他有事可到西蜀彭州茶隴山間找兩棵高大的松樹，就可見到他。

於是悟達國師帶著人面瘡來找迦諾尊者，尊者便教悟達國師以泉水洗淨傷口。冰涼的泉水一碰到人面瘡，便痛徹骨髓，人面瘡大叫，隨著告訴他這段前世宿怨。悟達國師當下懺悔，死而復甦，瘡口才逐漸平復而癒。痊癒後他深自思惟，寫下這部流傳久遠的《慈悲三昧水懺》。

息滅煩惱比消業障重要

在這故事中，我們看到悟達國師所種的善因——幫助生病的奇僧迦諾尊者，善果成熟時，尊者也救了他。另外，我們更看到他所種的惡因——前世爲袁盎時斬殺晁錯，今世惡果成熟，罹患人面瘡。善、惡兩段因緣果報，歷歷分明。故事中的悟達國師如何消除自己的業障？他以前所造這段善因緣影響了後來這段不善因緣，善、惡因果雖能互相影響，但終究不能相抵，眞正轉業的關鍵，是他明瞭自己曾經所造的惡業——殺業與這世的我慢之心，進而至誠懇切地懺悔自己的身、語、意業，發願未來不再造作惡業，並願與冤親債主解冤釋結。

「罪從心起將心懺，心若亡時罪亦無」，一念眞誠的懺悔，的確有不可思議的功德。能「消業障」的這股力量，一定是從自己的內心深處懇切發出，絕不是靠外在的加持或「作功德」所致。如果是「業障」，產生業的原因是因爲「惑」——煩惱，是煩惱讓我們造作種種不善業，因此要消除的不是「業障」，而是貪欲、瞋恚、愚癡等煩惱。若說得到的是「因果病」，也要知道這是什麼原因所導致的果報，如果不明瞭原因，又如何消除「因果病」呢？

佛教談因果與科學談因果不同之處，在於佛教十分重視心的力量，在因與果之間，心的力量佔了很重要的部分。參加法會、作功德等，其實重點在轉化我們的心，藉著布施財物、金錢、時間，來扭轉自己慳吝的心；經由培福、當義工，廣結善緣、關懷他人，來打開自己瞋恚的心；透過誦經，藉由經文智慧的洗滌，來啓迪自己愚癡的心，能有正知、正見，如實地看待自己的生命，放下對自我的執著。如果我們不能從這些行動中體會其深刻的意涵，以爲花錢或做些表面的行爲就能「消業障」、「去因果」，那眞是緣木求魚，了不可得。

轉化身苦與心苦

不管是否爲因果病，人生的確多病、多惱，年紀一大，身心更是不由自主了。身與心相互影響，身苦引發心苦，心苦又造成身苦，那眞是沒完沒了。那麼，修行之人該如何轉化病苦？當代印順導師在《佛法是救世之光》中提到，主要的關鍵在於：一、通達因果事理，深信業報，不爲苦痛所擾亂。二、懺悔罪業，求佛菩薩加被，多集善根來減輕苦惱。三、修習禪觀，這是由心轉身的有力方法。如南嶽慧思大師風疾發作，四肢緩慢，身不由心，後來因禪觀的力量，疾病完全康復。

若我們能如此看待自己的病苦，此時所得無論是否爲因果病、業障病，都不能障礙你的人生，反而成爲淨化身心的機緣。因此，面對生病因緣時所作的抉擇，就顯得非常重要了。

另一種「人面瘡」

記得剛出家時，我的左膝不愼跌傷了。兩個月過去，腳傷仍未見起色，眼看著佛學院中的許多活動無法參加、受三壇大戒的日期逐漸逼近，隨著日子一天天流逝，我的心情不斷往下沉，在沉室中又有說不出的急切。

每當檢視傷口，我總想起「人面瘡」的故事。「為什麼腳傷這麼久還不好呢？難道這是業障嗎？」初學佛的我不免如此想。法師們聽了我的問題，並不直接回答，只告訴我：「如果是業障，你要找出『障』了你什麼？」但當時的我怎麼也參不透。

直到一日輔導生活課業的督導法師對我說：「你的心什麼時候調柔了、耐煩了，腳就自然好了！」這才如夢初醒。「傲慢」、「不耐」一直是我最大的病根，如果腳傷是我的人面瘡，那麼我願意用「柔順、虔敬、耐煩」的三昧水，來洗滌我污穢的傷口，耐心對待自己、他人。由此，我體會到是否為「業障病」不重要，重要的是，自己從中是否有所反省與成長。

看見花開花落——

正見因果

因果，是流動變化的，

就如我們看到花開時，也要觀照到花落，

這整個因緣法的生滅，

如此，就能對人生的現象如實了知而坦然自在。

佛陀也沈默

靜極了！

佛陀靜靜地坐在沒有任何一片葉子的舍夷樹下，他正等待琉璃王的軍隊到來。

儘管早已出家修行、覺悟成佛，釋迦牟尼佛平靜、清淨的心中，仍充滿著對故國之思。他知道當年族人驕慢自大所種下的因，如今成熟了。昔日備受釋迦族羞辱的婢女之子，如今已是繼承憍薩羅國的琉璃王。釋迦族，即將像身後這棵舍夷樹，轉眼枝葉散落。

大軍從遠至近，在這條通往佛陀故鄉迦毘羅衛國的路上，一股殺戾之氣瀰漫四野，只見蒼涼的枯樹映照著佛陀獨坐的身影，佛陀正無言地守護自己的親族。

琉璃王看見佛陀，恭敬地禮拜問訊：「可敬的佛陀！還有其他枝葉繁茂的樹，您為什麼要坐在這裡呢？」

「我現在是個沒有樹蔭遮蔽的人了！」佛陀說。

琉璃王聽了若有所思。他看著眼前的佛陀，以及那株葉片落盡的舍夷樹，陷入抉擇。

「親族的庇蔭，勝過其餘的人啊！」佛陀的聲音迴盪在風中。

「嗯！釋迦族是佛陀的親族，我還是回去吧！」琉璃王向後轉身，帶領軍隊回去了。

然而，舊時的污辱如影隨形，激怒著琉璃王復仇的步伐，第二次，他又來了！也同樣遇到靜坐在枯樹下的佛陀，一如第一次，他來了又回去。最終，琉璃王還是揮軍進攻了迦毘羅衛國。

就如舍夷樹不能阻止自己的葉落般，因果的自然法則，即使佛陀也不能改變。「造如是因，得如是果」，釋迦族所造的業，必須由他們自己承受。

據說，釋迦族被滅之時，佛陀頭痛了數日。

面對因果的法則，坐在舍夷樹下的佛陀，只能沉默。
要改變果，只有從因改變起，也唯有自己才能扭轉，
仰賴他力，藉助神通，都是天方夜譚，了不可得。

23

佛教說的因果，
就是「善有善報，惡有惡報」嗎？

中國人的因果觀

在傳統戲曲、電視連續劇或武俠小說裡，那些高來高去的武林人士或道行莫測高深的大師出現時，常可見他們正義凜然、合掌當胸地口中宣說：「善有善報，惡有惡報，不是不報，時候未到」，久而久之，每個中國人幾乎都可以朗朗上口。「善有善報，惡有惡報」，可說成了中國人的因果觀。

千百年來，多少中國人在面對人生的挫折與世間的不平時，「善有善報，惡有惡報，不是不報，時候未到」的說法，曾經給予心靈的安慰，讓生命頓時豁達了起來，似乎冥冥之中，還有老天爺會爲自己做主。

然而，因果就是「善有善報，惡有惡報」，如此而已嗎？

這樣的說法，我們不能說它錯誤，卻很容易產生宿命論的見解。君不見有人要做傷天害理的事時，還會喃喃自語地向被殺害的對象說：「哎呀！我也是不得已的，就當我這輩子欠你的，我下輩子再做牛做馬還你吧！」或是「這是你的命，怪不得我，只怪你自己命不好！」等。

其實，「善有善報，惡有惡報，不是不報，時候未到」這句話，只說出了因果的兩個特點：一、善必有善報，惡必有惡報。善因與善果（樂果）、惡因與惡果（苦果），兩者的屬性是相同的。善因不會得惡果，惡因也不會得善果。第二、必須時間到了才會產生果報，時間若未到，果報自然不會出現。

如果對於因果只認識到這個層次，那是不夠的。如果我們不能善觀因緣，如何知道「時候到了」呢？在「時候未到」之前，我們眞的可以心平氣和嗎？在有限的一生之中，萬一看不到「善人有善報、惡人有惡報」時，我們如何自處？如何勸別人放下呢？再者，我們又如何知道什麼情形是某人應得的「善報」或「惡報」呢？

我們必須對佛法所說的「因果論」、「因緣論」有深刻且清楚的正確了解，如此，對自己的身心變化與世間的一切生滅，就不會再有疑惑。

此有故彼有，此無故彼無

那麼，佛教怎麼解釋因果呢？因果，完整地說是「因、緣、果」，從因到果，中間還有緣的作用存在。「緣起」，可說是佛教因果之說最大的特色，也是迥異於世俗以及其他宗教學說之處。

對於一般人所說的「善有善報、惡有惡報」，佛教也有提到，這是屬於「業報說」的部分，也就是只限於個人時間性的因果關係，範圍也只限於生死輪迴的世間。而佛教更詳細說明的因果則是屬於「緣起說」的部分，它不只針對個人，對於社會也有全面的考察，且不只包含時間性，更包含了空間性的關係，範圍更不只限於生死輪迴的世間，更可達到超越生死輪迴的出世間緣起的還滅。

儘管如此，佛陀所說的因果，重點也不在探討、分析宇宙或社會的現象（當然若我們用因果緣起的法則去看待，會更有智慧），而是以緣起法則觀察自己的身心狀況。《雜阿含經》中記載，佛陀在菩提樹下禪坐，觀察自己的身心，覺悟出生死流轉與解脫生死的法則，就是緣起的生滅：

我憶宿命未成正覺時，獨一靜處專精禪思，作是念：何法故老死有？何法緣故老死有？即正思惟生如實無間等，生有故老死有，生緣故老死有，如是有、取、愛、受、觸、六入處、名色，何法有故名色有？……謂緣識名色，緣名色六入處，緣六入處觸，緣觸受，緣受愛，緣愛取，緣取有，緣有生，緣生老病死憂悲惱苦。如是如是，純大苦聚集。

我時作此念：何法無故則老死無？何法滅故老死滅？即正思惟生如實無間等，生無故老死無，生滅故老死滅。如是生、有、取、愛、受、觸、六入處、名色、識、行，廣說。我復作是思惟：何法無故行無，何法滅故行滅？即正思惟如實無間等，無明無故行無，無明滅故行滅，行滅故識滅，……生滅故老病死憂悲惱苦滅。如是如是，純大苦聚滅。

佛陀還在其他場合，依眾生不同的根器而作開示，或說「愛、取」；或說「愛、取、有」；或說「愛、取、有、生、老、死」等等。後世以此發展出我們所熟悉的十二因緣：「無明緣行，行緣識，識緣名色，名色緣六處，六處緣受，受緣愛，愛緣取，取緣有，有緣生，生緣老病死。」

緣起的定義是「此有故彼有，此生故彼生」，「此」和「彼」泛指因果二法，「有」是指存在，「生」則是指現起。因為「此」，才有「彼」，「此故彼」是一個因果系。緣起的簡單定義即是「緣此故彼起」。果的產生，是由於因，因與果之間是一個必然的序列。「因」存在，所以「果」存在；「因」生起，所以「果」生起。

緣起的內容即是十二因緣，這是眾生生死的因果序列，其實也是我們所有煩惱苦果的產生與承受實況的說明。至於因與緣的區別，佛陀從未詳細解說，我們可以知道的是：「因」是指引生結果的主要條件，「緣」則是次要條件。後代的許多經論中，有對因、緣作詳細的區分，也有人認為「因」其實也是「緣」的一種。總之，簡單稱「因果」，詳細就是「因、緣、果」。

24

爲什麼談因果，都不免提到三世？

三生石上舊精魂

「三生石上舊精魂，賞月吟風莫要論，慚愧情人遠相訪，此生雖異性長存」，這是唐朝僧人圓澤的故事，他面對前世的友人時，感慨地說出了這首詩偈。如果三世是如實存在的，在三世的前提下，每個人都曾經是三生石上的舊精魂，只是忘了前生。

不過若要談起前世今生，恐怕眞如圓澤法師所說「身前身後兩茫茫，欲話因緣恐斷腸」了。那些一見如故的人，是我前生的知己嗎？那些我不喜歡的人，是前世的冤家嗎？今生我摯愛的人，來世還能重逢嗎？在茫茫人海中，誰是那再來的人呢？

對我們而言，三世是何等的虛無縹緲啊！我們如何想像在另一個時空中，自己曾經扮演著另一個角色？一個截然不同於這一生我們所熟悉的角色？甚至連性別也不同，這是何等地不可思議！

三世即過去、現在、未來

眞的有三世嗎？佛教認爲眾生從無始以來便輪迴於六道，這包含了無可計數的過去、現在與未來。時間不停地流動，對輪迴之中的眾生而言，如「雲駛月運，舟行岸移」，而兩岸的風景也已瞬息萬變了。

「三世」，又稱三際，是指過去、現在、未來（佛經中稱爲「去、來、今」），代表我們曾經歷、正發生、即將來到的三段時間，合起來就是一個完整的時間流。《增一阿含經》說：「沙門瞿曇恆說三世，云何爲三？所謂過去、將來、現在。沙門瞿曇亦知過去、當來、現在之世。」《寶積經》則解釋：「三世，所謂過去、未來、現在。云何過去世？若法生已滅，是名過去世。云何未來世？若法未生未起，是名未來世。云何現在世？若法生已未滅，是名現在世。」因此，佛教說的三世不僅指前世、現世、來世，更清楚地說是過去世、現在世、未來世。三世可長可短，可遠可近，說明的是佛教的時間觀。

因果在時間流中發生，經過時間的變動，我們才看到從因到果的變化——「欲知前世因，今生受者是；欲知來世果，今生作者是。」因果的說法即建立在三世的基礎上，包含了過去、現在與未來。過去因產生現在果，現在（過去）因產生未來果，一期又一期的生命便有著各種的面貌，或苦或樂，或愚或智，或人或畜，生生死死，死死生生，輾轉輪迴，相續不已。

一念心包含三世

在我們的一念心之中，其實就有從過去、現在到未來的三世流轉。我們不是常常懊惱或回想過去，常常擔憂或計劃未來嗎？而於當下，不又常常是心不在焉的嗎？

一念心中有三世，而這三世也包含了因果。例如，我們看到討厭的人迎面而來，心中立刻回想起與他相處的種種不愉快回憶，繼之產生了憤怒，接著在腦海裡作下決定，想要如何對待他。這一連串下來的內心反應，難道不是因、果、因、果的流轉下去嗎？「看到」是因，「回想」是果，「回想」是因，「憤怒」是果，「憤怒」是因，「決定」是果……，前一因素是後一因素的因，而後一因素則以前一因素為緣而生起。在一剎那心中，因果已經流轉了三世。

在我們的人生經驗與身心之中，一定可以找到過去、現在與未來的痕跡，只是我們往往沒有察覺或來不及記憶它，也或許是因事過境遷而遺忘。就像在爬山的過程中，常常走著走著，一回首，群山蒼茫，來時路渺渺。儘管每一步都曾體切地踐履，但從這頭望向方才佇足的地方，景色早已迥異於當時所見。

我們可能不解自己當時爲何如此，或覺得那記憶實在陌生，但能否認過去曾發生過的事實嗎？一念有三世，生命也同樣有過去、現在與未來。

山頂的大樹

然而，對一般人而言，三世是難以了知的，因爲我們總是憑著眼見耳聞等有限的感官經驗，來否定三世的流轉，認爲人死如燈滅，如油盡燈枯罷了……。要如何才能得知三世的存在呢？

在佛經中，曾有人提出前生與後生的問題，問佛陀是否眞的有三世。佛陀說例如山頂有一棵枝葉扶疏的大樹，如果你肯登上山頂，就能看見這棵大樹；但若你卻在此向山下望，不依著修習禪定、智慧的路徑前進，是無法了知的。

了知三世因果不是爲了知道自己前世今生的角色扮演，因此陷入悲歡離合的喜怒哀樂之中，而是如實了知過去、現在、未來一切法的生、住、異、滅，深信因果，止惡行善，進而修習戒、定、慧，覺悟無明煩惱，淨化、圓滿自他的生命。

前世的消息

今年冬天，在附近的山路上，意外發現一片梅花林，那蒼勁的枝幹疏影橫斜，潔白的花瓣則暗香浮動，美極了！

半個月後，再到梅林，梅花謝了，翠綠的嫩葉下結著一顆顆可愛的小梅子，掛滿枝頭！看著梅子青澀的容顏，我想起這每一顆梅子都曾是一朵芳香的梅花。記得有首詩說：「蝴蝶的前世是誰，也許所有的標籤只是一朵花的開謝」，如果花是蝴蝶的前世，那麼，梅花應是梅子的前世吧！在一大片梅林之中，我彷彿觸摸到一些些前世的消息。

25

因果是佛陀發明的嗎？它與業力、輪迴有什麼關係？

長久以來，因果的問題，始終像一潭深不可測且混濁不清的湖水，上頭漂浮著太多懸浮物，使我們不易辨明它；又似深山中的千年古樹，纏繞著無數的葛藤，使我們不易釐清它。

諸如業力、輪迴、三世等問題，就常常與因果連接在一起，更加深了它的複雜與模糊；再加上我們既定的成見與道聽塗說的知識，「因果」眞是剪不斷、理還亂了！

因果與業力、輪迴的關係

先說因果與業力。

因果現象就是一種緣起法則的展現，既然一切都是因緣和合才能成立，而使之得以緣起（即依緣而起）的原動力，就是業。然而僅僅是業，依舊無法成立任何事物，還需要各種條件（因緣），但業在其中扮演著最重要的角色。

在此所說的「因果」，指的是「有情」（眾生）的因果，而非泛指宇宙世間、大自然的一切現象。業，是我們所造作的行爲；業力，也就是行爲產生後所遺留下來的影響力。眾生的苦果為何會不斷地生起？簡單地說，就是由於業力的積集，而業力的生起，是因為煩惱的發動與滋潤所致。帶著煩惱的業力，召感了生死苦果，眾生於是生生世世不斷輪迴。

再來談「輪迴」。

或許我們會覺得「輪迴」實在難以置信，不過從「惑（煩惱）、業、苦」的觀點，我們會發現，這真的是一種「輪迴」，不在前世、今世、來世，而在每一個心念的當下。因煩惱而造作種種業，業召感苦果，在召感苦果的同時，又產生種種煩惱，如此相續不斷，難道不是一種「輪迴」嗎？

因果不是佛陀發明的

在佛陀之前，當時的印度就有許多學派談論「因果」，只是他們錯解了因果，而唯有佛陀對於因果提出正確的解釋。例如，與因果密切相關的「業報」思想，在佛陀之前的《奧義書》就已論及，因果業報的思想早已深入當時印度人的心中。不過仍有許多人對因果充滿懷疑，或認識錯誤。諸如有因無果說、無因有果說、無因無果說、邪因邪果說。原始經典中便舉出當時對因果的錯誤看法，有三種或五種之多。這三種說法是：

一、無因無緣：否定有善惡、業報與三世因果，所有一切現象只是偶然發生，皆不必透過因緣。

二、雖然相信有因果，但錯誤歸納因果關係，這又可分爲二種：（一）宿作因——認爲人的福禍命運都是純粹由前生的業力所召感。（二）自在化作因——人的命運是由神的旨意而創造，今生之所以不順利，是因爲沒有祭祀神明、祈禱神明，這是神的懲罰。

以上三種，再加上「結合狀態因」、「階級因」，則成爲五種錯誤的看法。「結合狀態因」是指決定命運的原因，即是構成肉體的地、水、火、風四要素的結合狀態良好與否。「階級因」則是指印度當時的四姓階級（婆羅門、剎帝利、吠舍、首陀羅）或家世等出身，是人福禍的原因。

「無因無緣說」，認爲命運好壞的原因，是沒有任何因緣的，一切福禍都是偶然生起的。「宿作因」、「結合狀態因」、「階級因」三者，則是認爲人的命運從一出生就已經注定，不可能有任何改變，而忽略人現生努力的可能性。以上三種或五種看法，皆完全否定了人的自由意志及其行爲的影響力。

這些說法除了「無因無緣」之外，其餘都是「非因計因」的看法，也就是將不正確的原因當作是果報發生的原因。此外，就修行層面而言，當時還有許多修行人認爲在河水中沐浴、模仿動物過日子，多吃點苦，未來就可以升天享樂；另有些人則認爲只要修習甚深禪定，就可以得到最高的證悟，這些也都錯解了解脫的眞正原因。

佛陀教導正確、深刻的因果觀

佛陀在四十九年的說法中，極力摒除當時各學派錯誤的因果觀念，以建立人們對因緣果報的正確了解。佛陀強調人可以透過合理的思想與行爲，改變自己的命運，他承認人有自由的意志，也肯定今生努力的可貴，這是與其他學說主張不同的地方。

因果，是佛教中很重要的教法。佛陀在說法時，會先教導人們因果業報的道理，先說施、戒、天三論，讓人先接受因果業報的觀念；接著才對他們說明深刻的四諦、緣起的因果之理。明瞭因果道理，是進入正信佛教的先決必要條件。

「緣起說」是對因果詳細且深刻的說明，而佛法所有的核心即是「緣起」，四諦、十二因緣都在闡明因果，四諦是染淨因果橫面向的分類，十二因緣則是從流轉還滅作豎面向的說明。不僅原始佛教經典如此，大乘的《法華經》、《般若經》、《解深密經》、《中觀論》等，無一不在討論「緣起」。

從粗淺、通俗的「業報說」的因果，到深刻、廣大的「緣起說」的因果，佛教的經典都已一一談及。

有人說所有的大藏經其實只是在說「因果」二字，其實，所有的經典是在教導我們滅苦之道，因此都不出四聖諦的範圍：苦（苦惱的現象）、集（苦惱的原因）、滅（滅除苦惱的境界）、道（滅除苦惱的方法），而苦是世間的「果」，集是世間的「因」，滅是出世間的「果」，道則是出世間的「因」。

你說，所有的大藏經是不是都在說「因果」呢？

26
用神通可以改變因果嗎？

人對於未知總是充滿不安，如果能有個神通廣大的人，可以告訴我們自己未來的命運，如此不就可以避開厄運而改變因果了嗎？於是乎，許多人三天兩頭去找通靈的人，看看自己的前世今生，或者作法改運，看起來這似乎也是一種突破既定命運的方法。

沒有神通的我們，如何得知此人神通是真是假？更何況，神通是否真的無所不能？

三則神通的故事

曾經，釋迦族由於驕慢與瞋恚的因，而遭到琉璃王率軍攻城的滅族之禍。當時目犍連尊者運用神通，將釋迦族人裝入缽中，帶出城外，誰知竟化成一缽血水。那麼，佛陀呢？他又是如何處理此事呢？其實，他早已知道這是釋迦族所造之因，今日應該承受這種果報，他並不運用神通解救族人，反而是在琉璃王發兵攻打釋迦族時，坐在大軍行經的路上，以身教教化琉璃王，企圖化解這場災難。最後，佛陀失敗了，他看著釋迦族人被滅，自己也頭痛了數日。

清末民初的高僧虛雲老和尚，也曾在甚深的禪定中看見未來國家與佛教的災難，但是他並未運用神通來改變什麼，也未危言聳聽、妖言惑眾，反倒是默默地在各地建造寺院，以續佛慧命。因為他深知在動亂的時代裡，只要有佛寺存在，佛教就有一絲希望，人們也有心靈的寄託。同時，他更利用這些道場收容流離失所的百姓，成為眾生於風雨飄搖中的庇護之所。

如此說來，神通難道沒有用嗎？不，神通是眞的有用！怎麼說呢？

晉代高僧佛圖澄以神通取得南北朝後趙政權掌權者石勒、石虎叔侄的信任，佛教因而在中國大為盛行。除了嘉惠眾生外，他還致力於發展佛教組織、廣建寺廟、廣收門徒，培育了許多優秀的人才。他以神通懾服石勒、石虎，但對門下弟子卻只傳授經義，如道安、道進等，一時人才輩出。

面對動盪的時代與暴戾的君王，佛圖澄善觀因緣，以智慧運用神通，創造了佛教的歷史，也成為當時社會安定的一股力量。神通的確有其不可抹滅的功用，問題是那些運用神通的人眞有他所號稱的神通嗎？就算具有神通，他又懷著什麼樣的心態呢？是為了慈悲度眾，還是為了個人的名聞利養？佛圖澄在顯現神通懾服執政者之後，我們看到更多的是他創造因緣，建寺、說法、度眾，而不是一味地以神通來解決一切。

在看待神通時，必須先了解神通的限制與可能性在哪裡，否則一定會與我們所期待的有所差距，隨之而來的可能是受騙或失望。

佛陀的神通也無法改變眾生的因果

有位居士因感情受挫而自殺，學佛多年的她，終究敵不過內心的煩惱，這讓曾經試圖幫助她的法師們難過不已。然而再多的努力，也換不回一顆求死的心。試想如果現在我們能顯神通，就能使她不自殺嗎？答案應該是否定的。她的心念、行爲所造的業力，已決定了她的命運。

要改變果，必先改變因與緣，「因滅故果滅」，從正確的因下手才是最重要的。如果「因」並不是來自於神通的話，「果」怎麼可能用神通來改變呢？即使是佛陀、阿羅漢，擁有再大的神通都無法改變他人的業力。企望以自己或他人的神通來改變因果，都是錯估了神通的功效。面對因果的自然法則，再偉大的神通都束手無策，就像我們無法使人不死、讓花不謝、令太陽不再東昇一般。

如果神通萬能，佛陀又何須辛苦尋求解脫之道？成道後又何須僕僕風塵地奔波於恆河兩岸？而世間又爲何仍有無數度不盡的眾生？如果連佛陀的神通都無法改變眾生的因果，那麼還有誰的神通可以改變呢？當我們清楚了知這層意義後，對神通便能不再心存幻想。

27

因果的說法
會不會太宿命論了？

因果的說法與宿命論可以畫上等號嗎？有些相信因果的人，似乎比一般人都消極，因爲一切都是因果，已經注定好了，不能改變……。

從某個程度來看，因果好像是宿命的，我們今生面臨的一切遭遇，難道不是自己前生所造的業力使然嗎？

因爲無常，所以會改變

如果我們對因果只有片段的了解，就很容易落入宿命論；但如果我們對因果有全面且深刻的認識，就會發現因果的主張，絕對不是一種宿命論。因爲佛陀說一切都是緣起無常的，所以不會一成不變。假設「因果論」是宿命論的話，那麼，首先牴觸的就是無常法則。

所謂的宿命是指「命運已注定好了，不能改變」，那麼是誰注定的呢？在無常的法則中，一切都是因緣和合而成，其中沒有一個可以主宰的主體，既無天神，也無上帝，那麼又是由誰來貫徹或執行這個已注定好的命運呢？難道是這些因緣自己注定好的嗎？

我們知道因緣會產生變異，其中一個因緣改變了，另一個也可能跟著變化，怎可能一直注定好呢？

佛陀曾和弟子行經河岸，看見河中有塊順流而下的木頭，便問弟子：「你們看那塊木頭，它會發生什麼事？」大家紛紛回答：「會擱置在河中的大石頭上。」「會吸足水份後沈下去。」「會被人打撈起來，劈成柴火燒掉。」「會流到大海。」佛陀接著說：「我們的生命就像這塊漂流的浮木，誰也不敢說明天會變成什麼樣子。」

的確，沒有人知道明天會是什麼樣子，一切都在無常之中。

行爲決定命運

是什麼能決定人的命運呢？佛教認爲人的命運是由自己的行爲所決定，並非一出生即注定而無法更改。眾所周知，佛教產生於印度，印度有種姓階級制度，將人分成婆羅門、剎帝利、吠舍、首陀羅四種階級，婆羅門即是祭司，剎帝利是國王、武士等，吠舍是一般農、工、商等階級，首陀羅就是賤民。

這四種階級是從一出生就已注定，不僅階級是世襲的，連職業也是世襲的，各種階級彼此之間壁壘分明。在這種制度中，人毫無改變的空間。而佛陀所提出的「因果論」，以及所創立的七眾僧團，即是破除印度社會舊有種姓制度所帶來的迷思，讓人回到一個合理、眞實平等的理則中，找回生命的尊嚴以及成佛的可能。

在佛陀的一生中，處處展現了這種平等的精神。例如，挑糞的尼提、剃頭的優婆離兩人，都在佛陀的接引之下剃度出家，成爲修行有成的弟子。佛陀注重的是一個人是否有修行向道的心，而不是他的出身與地位。

巴利《小部．經集》裡，佛陀曾解釋一個人如何才能成爲婆羅門（即最高階級）？

婆羅門不由出身決定，
非婆羅門也不由出身決定；
婆羅門由行爲決定，

非婆羅門也由行爲決定。

智者洞悉因緣，懂得行爲果報，

所以能如實地看待這種行爲。

人的人格與命運如何，其決定不是依於神權的判定，也不是受限於階級，而在於自己所掌握的行爲。佛陀這段話，讓人感到生命是有希望的，而且可以透過自己的努力而有不同的人生。

隨緣消舊業，切莫造新殃

到底因果業力是可以改變，還是不能改變？

因果要改變，也要由自己的行爲所造的緣與願力來扭轉，不能靠他人的神通來改運，或付出錢財等昂貴的代價，來換取他人願意顯現神通來改變。因果業力的法則是

「自作自受」，依於他力而改變因果，又怎麼可能呢？

無常的法則即是變動的法則，既然因果的現象是緣起法則的顯現，「此有故彼有，此無故彼無」；「此生故彼生，此滅故彼滅」。生與滅、有與無，全在於因緣的聚合與離散。滅也有滅的因緣，我們要掌握的是如何使它「滅」的因緣，自然就能產生改變的契機。

以十二因緣爲例，「愛滅則取滅，取滅則有滅」，如果我們放下心中的貪愛，就不會作出執取的行爲，自然也不會得到相應的果報。

因與果雖有必然的關係，有因必有果，但果如何展現，在果還未形成之前，都有改變的空間。微小善因，我們可以不斷使其增長，最後收成廣大樂果；而重大惡因，我們也可避免它相應的因緣，而使苦果減輕。最重要的是要掌握可以改變的空間，有願、有緣，就有改變的可能。當然有的重業、定業很難扭轉，甚至無法改變，或者有些結構性的業力——共業，就很難靠一己之力來扭轉。

面對可轉或不可轉的因果業力，我們都應轉變心態，透過修行，從心境上不斷提昇，在承受苦果之際，也能自在無礙。「歷經萬般紅塵劫，猶若涼風輕拂面」，真正解脫的人，仍然必須承受以前所造的惡因而結下的苦果，但心境上已經是自由自在，不會隨之起舞，再添煩惱，再造新業。「隨緣消舊業，切莫造新殃」，這不是一句老掉牙、勸善性質的俗語，而是我們實際可運用於日常生活中，以提醒自己的原則。

28

因果是不是
一加一等於二？

一加一不等於二

佛教說因果是由許多因緣聚集才產生，如果認爲丙果由甲、乙兩個因緣組成，即是甲因緣加乙因緣就等於丙果，這樣的想法是錯誤的，因爲佛教所說的因緣論是流動變化的，絕不是機械性地一加一等於二。

「諸法不自生，亦不從他生，不共不無因」，雖說因果的現象是許多因緣和合生起，不可能無因緣或自己單獨生起，也不可能單靠其他因緣生起，更不是自己加上其他因緣兩者就能生起。正覺的緣起觀主張一切是輾轉相依、生滅相續的活動，不斷地在發生、安住、變異、消滅中推移，這些都稱爲「行」，所謂的「諸行無常」就是這個意思。如果我們只看到這些個別的因緣，而忽略這些因緣彼此的關係、相互的影響，以及影響的過程，就會以爲因果的產生是甲加乙等於丙、一加一等於二。

所以，常聽到有些媽媽說她很注重小孩的學習，不但物質提供不虞匱乏，對小孩百般呵護，還請保母、家教來教導、照應，自己更是全程陪伴，爲什孩子還是不喜歡讀書，甚至變壞了？另外也常聽到有些人說，他做某件事情時都詳細考量過每項因素，原則也確實把握了，為什麼最終還是失敗？

除了可能歸因錯誤之外，或許是因為我們真的忽略了這些因緣彼此間的相互影響。我們雖自認為面面俱到，但可不可能是這些「面」的力量，彼此相互抵銷了呢？還是在過程中產生了哪些我們沒有注意到的變化，而這變化足以影響到結果呢？

流動的因果

觀察任何一個因果現象，必須從自己的身心，以及身心所牽涉到的環境，不論是自然的或社會的，這種種因素中去一一分析。切記要把握住因緣的無常性、無我性，否則失之毫釐，差之千里。

面對流動的世界與身心，我們能深切地、全面地觀照，而不產生執著，在看似靜止、不變的因果現象中，看出它流動的本質；如此，你的智慧之眼將逐漸開啓，產生無我的智慧，這將是一種無執著的動態智慧。

這時，你會看到一個不同於平日所見的世界，那世界或許有藍得透明的天空，有迎風飛舞的滿山蝴蝶，同時你也將有一個不同於以往的心境，那心境或許是同理的慈悲，或許是理解後的包容，或許是看清楚之後的釋懷，一種開闊的自在。

29

我這樣做，
會不會「背因果」？

因果會在未來如實告訴你答案

常聽到人問：「我這樣做，會不會背因果？」所謂「背因果」，應是指「背負因果」，即受到因果的約束或制裁。因果是自然法則，它無須去約束或制裁任何人，不論你願不願意「背負因果」，我們都已經生活在因果法則當中。

因果與我們的關係是如此密切，試想，如果世界上沒有因果，將會是何種情況？首先，人類的歷史一定會改寫，一切歷史事件的前因後果將不存在，東、西方的歷史演變，將不是我們所熟悉的順序。其次，世間的秩序與道德無法安立，好人得不到好報，壞人不會受到應有的懲罰，所有的倫理與道德將不知立基於何處。

而且如果世間沒有因果，修行也就不可能完成。佛法所說的修行，即建立在因果之上。佛陀教導我們觀察世間與自己身心的因果，從中找出苦惱的因，並將之息滅。要得出世間的果，也必須種出世間的因，若無因果，修行的著力點何在？

面對世間人、事、物種種現象的發生與變化，因果為我們找到合理的解釋，使人可以依循。因果並不會制裁我們，但會在未來告訴我們答案——關於你每一個當下身、語、意業的選擇會帶來什麼後果，因果將忠實且毫不保留地告知。

菩薩畏因，衆生畏果

我們的生命，其實是不斷在造因、給予助緣、接受果報的當中循環不已，這也可以說是一種「輪迴」。

所謂「菩薩畏因，眾生畏果」，這是指眾生昧於因果，常心存僥倖，等到果報現前時，方才驚恐不已、後悔莫及。而菩薩深知因果的道理，在因形成之時，即已考量到其後果，所以，菩薩會在因地上就避免苦果的產生，不種惡因，自然不會感召苦果。

我們該時時反省自己的每一個身、語、意業，在起心動念之中，到底播下了一顆什麼樣的種子？它會把生命帶往何處？是上升還是沈淪？我們不能忽略任何行爲背後的影響力。

當果報產生之時，也要清楚知道是由什麼原因所造成，不要非因計因，也不可怨天尤人。若我們能時時警覺，清清楚楚了知自己身心的因果，知道它的生，知道它的滅，時時刻刻止惡向善，清淨身、口、意，如此，又何必怕「背」什麼因果呢？

野狐禪的公案

唐朝百丈禪師一日說法結束後，有位老人徘徊不去，禪師問道：「你是什麼人？」老者說：「我不是人，是一隻野狐，過去生中曾在這裡修行。有人問我：『大修行人還落因果嗎？』我回答說：『不落因果！』因為這個回答，我五百世墮成狐身。現在請禪師解答我的疑問，希望就此能脫離野狐之身！」

禪師聽後說：「你請問吧！」老人合掌問道：「大修行人還落因果嗎？」禪師回答：「不昧因果！」老人聽後當下大悟，歡喜地離去。第二天，禪師率領大眾到後山石岩下方的洞內，找到一具野狐死屍，並依亡僧之禮將牠火葬。

這公案告訴我們：「不昧因果」與「不落因果」是不同的，因果是自然的法則，任何人都在因果法則之中，怎可能「不落因果」呢？修行人仍在因果法則之中，但他「不昧因果」，能正見因果，清楚了知因果的事相與理則，無有疑惑。

「不昧因果」與「不落因果」，一字之差，實有天壤之別。不要怕落因果，因為我們一直都在因果之中；最重要的是，不可不明因果啊！

30
我們該怎麼面對因果？

因果的特性如此複雜而隱微，因果的現象又如此森羅萬象，我們要如何面對因果呢？

以正確的觀念理解因果

從緣起法的角度理解因緣果報的現象，看清楚因果業報的特性：

（一）有因必有果，因果的相生有其必然的關係。

（二）因與果之間的屬性相同，善因生樂果，惡因生苦果。

（三）小因能生大果，隨著我們的意志作用而不斷增長，如微小的善、惡因，能感得廣大苦、樂果，這因與果是無法相等的。

（四）沒有積集能感苦樂的業因，則不會受苦樂的果報；但若造作了善惡業因，是不會失壞的，一旦因緣成熟，果報仍會現前。

（五）因果是自作自受的，別人無法替代，果報仍舊自己承受。（但要注意，此中並沒有永恆不變、獨立存在的「我」。）

（六）因果是公平的，不會厚此失彼，一切都在因果法則之中。過去如此，現在如此，未來也是如此；對這個人如此，對另一個人也是如此。

以正確的心態看待因果

所謂正確的心態，即是一種合理的態度，能將自他導向光明的途徑。我們應學習以中道的態度來看待因果，不因害怕因果，而消極地什麼都不做；也不過於積極地採取不當的方法，求取來世的福報。

前者如當時印度的宗教派別中，有的認爲「不造業，就不受報」，這當中還是認爲有一個不變的「我」在造業、受報。佛陀認爲「有業報，無作者，無受者」，業果雖是如實存在，而這當中並沒有一個永恆不變的「我」在造業受報，一切都是相依相待的存在，在因緣法的聚集、離散之中不斷地生滅變化。

後者則是如前面提到的相信沐浴恆河中便可以升天，或求神問卜以求改運、賜予福報。佛教認爲要在合理、清淨的思想行爲中，創造良善的因緣，改變自己的命運。

《中論・觀業品》說：「雖空亦不斷，雖有亦不常，業果報不失，是名佛所說」，因果是緣起的，也是性空的，但我們不要以為種了因就不會有果報；因果是如實存在的，但卻不是永恆不變的定數。願我們能以更中道的心理解因果、看待因果。

橡樹林文化 ❖❖ 眾生系列 ❖❖ 書目

JP0001	大寶法王傳奇	何謹◎著	200 元
JP0002X	當和尚遇到鑽石（增訂版）	麥可・羅區格西◎著	360 元
JP0003X	尋找上師	陳念萱◎著	200 元
JP0004	祈福 DIY	蔡春娉◎著	250 元
JP0006	遇見巴伽活佛	溫普林◎著	280 元
JP0009	當吉他手遇見禪	菲利浦・利夫・須藤◎著	220 元
JP0010	當牛仔褲遇見佛陀	蘇密・隆敦◎著	250 元
JP0011	心念的賽局	約瑟夫・帕蘭特◎著	250 元
JP0012	佛陀的女兒	艾美・史密特◎著	220 元
JP0013	師父笑呵呵	麻生佳花◎著	220 元
JP0014	菜鳥沙彌變高僧	盛宗永興◎著	220 元
JP0015	不要綁架自己	雪倫・薩爾茲堡◎著	240 元
JP0016	佛法帶著走	佛朗茲・梅蓋弗◎著	220 元
JP0018C	西藏心瑜伽	麥可・羅區格西◎著	250 元
JP0019	五智喇嘛彌伴傳奇	亞歷珊卓・大衛－尼爾◎著	280 元
JP0020	禪　兩刃相交	林谷芳◎著	260 元
JP0021	正念瑜伽	法蘭克・裘德・巴奇歐◎著	399 元
JP0022	原諒的禪修	傑克・康菲爾德◎著	250 元
JP0023	佛經語言初探	竺家寧◎著	280 元
JP0024	達賴喇嘛禪思 365	達賴喇嘛◎著	330 元
JP0025	佛教一本通	蓋瑞・賈許◎著	499 元
JP0026	星際大戰・佛部曲	馬修・波特林◎著	250 元
JP0027	全然接受這樣的我	塔拉・布萊克◎著	330 元
JP0028	寫給媽媽的佛法書	莎拉・娜塔莉◎著	300 元
JP0029	史上最大佛教護法－阿育王傳	德干汪莫◎著	230 元
JP0030	我想知道什麼是佛法	圖丹・卻淮◎著	280 元
JP0031	優雅的離去	蘇希拉・布萊克曼◎著	240 元
JP0032	另一種關係	滿亞法師◎著	250 元

JP0033	當禪師變成企業主	馬可・雷瑟◎著	320元
JP0034	智慧 81	偉恩・戴爾博士◎著	380元
JP0035	覺悟之眼看起落人生	金菩提禪師◎著	260元
JP0036	貓咪塔羅算自己	陳念萱◎著	520元
JP0037	聲音的治療力量	詹姆斯・唐傑婁◎著	280元
JP0038	手術刀與靈魂	艾倫・翰彌頓◎著	320元
JP0039	作為上師的妻子	黛安娜・J・木克坡◎著	450元
JP0040	狐狸與白兔道晚安之處	庫特・約斯特勒◎著	280元
JP0041	從心靈到細胞的療癒	喬思・慧麗・赫克◎著	260元
JP0042	27% 的獲利奇蹟	蓋瑞・賀許伯格◎著	320元
JP0043	你用對專注力了嗎？	萊斯・斐米博士◎著	280元
JP0044	我心是金佛	大行大禪師◎著	280元
JP0045	當和尚遇到鑽石 2	麥可・羅區格西◎等著	280元
JP0046	雪域求法記	邢肅芝（洛桑珍珠）◎口述	420元
JP0047	你的心是否也住著一隻黑狗？	馬修・約翰史東◎著	260元
JP0048	西藏禪修書	克莉絲蒂・麥娜麗喇嘛◎著	300元
JP0049	西藏心瑜伽 2	克莉絲蒂・麥娜麗喇嘛◎等著	300元
JP0050	創作，是心靈療癒的旅程	茱莉亞・卡麥隆◎著	350元
JP0051	擁抱黑狗	馬修・約翰史東◎著	280元
JP0052	還在找藉口嗎？	偉恩・戴爾博士◎著	320元
JP0053	愛情的吸引力法則	艾莉兒・福特◎著	280元
JP0054	幸福的雪域宅男	原人◎著	350元
JP0055	貓馬麻	阿義◎著	350元
JP0056	看不見的人	中沢新一◎著	300元
JP0057	內觀瑜伽	莎拉・鮑爾斯◎著	380元
JP0058	29 個禮物	卡蜜・沃克◎著	300元
JP0059	花仙療癒占卜卡	張元貞◎著	799元
JP0060	與靈共存	詹姆斯・范普拉◎著	300元
JP0061	我的巧克力人生	吳佩容◎著	300元
JP0062	這樣玩，讓孩子更專注、更靈性	蘇珊・凱瑟・葛凌蘭◎著	350元
JP0063	達賴喇嘛送給父母的幸福教養書	安娜・芭蓓蔻爾・史蒂文・李斯◎著	280元

JP0064	我還沒準備說再見	布蕾克．諾爾&帕蜜拉．D．布萊爾◎著	380 元
JP0065	記憶人人 hold 得住	喬許．佛爾◎著	360 元
JP0066	菩曼仁波切	林建成◎著	320 元
JP0067	下面那裡怎麼了？	莉莎．瑞金◎著	400 元
JP0068	極密聖境．仰桑貝瑪貴	邱常梵◎著	450 元
JP0069	停心	釋心道◎著	380 元
JP0070	聞盡	釋心道◎著	380 元
JP0071	如果你對現況感到倦怠……	威廉．懷克羅◎著	300 元
JP0072	希望之翼：倖存的奇蹟，以及雨林與我的故事	茱莉安．柯普科◎著	380 元
JP0073	我的人生療癒旅程	鄧嚴◎著	260 元

橡樹林文化 ❖❖ 成就者傳記系列 ❖❖ 書目

JS0001	惹瓊巴傳	堪千創古仁波切◎著	260 元
JS0002	曼達拉娃佛母傳	喇嘛卻南、桑傑．康卓◎英譯	350 元
JS0003	伊喜．措嘉佛母傳	嘉華．蔣秋、南開．寧波◎伏藏書錄	400 元
JS0004	無畏金剛智光：怙主敦珠仁波切的生平與傳奇	堪布才旺．董嘉仁波切◎著	400 元
JS0005	珍稀寶庫——薩迦總巴創派宗師 貢嘎南嘉傳	嘉敦．強秋旺嘉◎著	350 元

橡樹林文化 ❖❖ 蓮師文集系列 ❖❖ 書目

JA0001	空行法教	伊喜．措嘉佛母輯錄付藏	260 元
JA0002	蓮師傳	伊喜．措嘉記錄撰寫	380 元
JA0003	蓮師心要建言	艾瑞克．貝瑪．昆桑◎藏譯英	350 元
JA0004	白蓮花	蔣貢米龐仁波切◎著	260 元

橡樹林文化 ❖❖ 善知識系列 ❖❖ 書目

JB0001	狂喜之後	傑克．康菲爾德◎著	380 元
JB0002	抉擇未來	達賴喇嘛◎著	250 元
JB0003	佛性的遊戲	舒亞．達斯喇嘛◎著	300 元
JB0004	東方大日	邱陽．創巴仁波切◎著	300 元
JB0005	幸福的修煉	達賴喇嘛◎著	230 元
JB0006	與生命相約	一行禪師◎著	240 元
JB0007	森林中的法語	阿姜查◎著	320 元
JB0008	重讀釋迦牟尼	陳兵◎著	320 元
JB0009	你可以不生氣	一行禪師◎著	230 元
JB0010	禪修地圖	達賴喇嘛◎著	280 元
JB0011	你可以不怕死	一行禪師◎著	250 元
JB0012	平靜的第一堂課——觀呼吸	德寶法師 ◎著	260 元
JB0013	正念的奇蹟	一行禪師◎著	220 元
JB0014	觀照的奇蹟	一行禪師◎著	220 元
JB0015	阿姜查的禪修世界——戒	阿姜查◎著	220 元
JB0016	阿姜查的禪修世界——定	阿姜查◎著	250 元
JB0017	阿姜查的禪修世界——慧	阿姜查◎著	230 元
JB0018X	遠離四種執著	究給．企千仁波切◎著	280 元
JB0019	禪者的初心	鈴木俊隆◎著	220 元
JB0020X	心的導引	薩姜．米龐仁波切◎著	240 元
JB0021X	佛陀的聖弟子傳 1	向智長老◎著	240 元
JB0022	佛陀的聖弟子傳 2	向智長老◎著	200 元
JB0023	佛陀的聖弟子傳 3	向智長老◎著	200 元
JB0024	佛陀的聖弟子傳 4	向智長老◎著	260 元
JB0025	正念的四個練習	喜戒禪師◎著	260 元
JB0026	遇見藥師佛	堪千創古仁波切◎著	270 元
JB0027	見佛殺佛	一行禪師◎著	220 元
JB0028	無常	阿姜查◎著	220 元

JB0029	覺悟勇士	邱陽．創巴仁波切◎著	230 元
JB0030	正念之道	向智長老◎著	280 元
JB0031	師父——與阿姜查共處的歲月	保羅．布里特◎著	260 元
JB0032	統御你的世界	薩姜．米龐仁波切◎著	240 元
JB0033	親近釋迦牟尼佛	髻智比丘◎著	430 元
JB0034	藏傳佛教的第一堂課	卡盧仁波切◎著	300 元
JB0035	拙火之樂	圖敦．耶喜喇嘛◎著	280 元
JB0036	心與科學的交會	亞瑟．札炯克◎著	330 元
JB0037	你可以，愛	一行禪師◎著	220 元
JB0038	專注力	B．艾倫．華勒士◎著	250 元
JB0039	輪迴的故事	慈誠羅珠堪布◎著	270 元
JB0040	成佛的藍圖	堪千創古仁波切◎著	270 元
JB0041	事情並非總是如此	鈴木俊隆禪師◎著	240 元
JB0042	祈禱的力量	一行禪師◎著	250 元
JB0043	培養慈悲心	圖丹．卻准◎著	320 元
JB0044	當光亮照破黑暗	達賴喇嘛◎著	300 元
JB0045	覺照在當下	優婆夷　紀．那那蓉◎著	300 元
JB0046	大手印暨觀音儀軌修法	卡盧仁波切◎著	340 元
JB0047X	蔣貢康楚閉關手冊	蔣貢康楚羅卓泰耶◎著	260 元
JB0048	開始學習禪修	凱薩琳．麥唐諾◎著	300 元
JB0049	我可以這樣改變人生	堪布慈囊仁波切◎著	250 元
JB0050	不生氣的生活	W. 伐札梅諦◎著	250 元
JB0051	智慧明光：《心經》	堪布慈囊仁波切◎著	250 元
JB0052	一心走路	一行禪師◎著	280 元
JB0054	觀世音菩薩妙明教示	堪布慈囊仁波切◎著	350 元
JB0055	世界心精華寶	貝瑪仁增仁波切◎著	280 元
JB0056	到達心靈的彼岸	堪千．阿貝仁波切◎著	220 元
JB0057	慈心禪	慈濟瓦法師◎著	230 元
JB0058	慈悲與智見	達賴喇嘛◎著	320 元
JB0059	親愛的喇嘛梭巴	喇嘛梭巴仁波切◎著	320 元
JB0060	轉心	蔣康祖古仁波切◎著	260 元

JB0061	遇見上師之後	詹杜固仁波切◎著	320 元
JB0062	白話《菩提道次第廣論》	宗喀巴大師◎著	500 元
JB0063	離死之心	竹慶本樂仁波切◎著	400 元
JB0064	生命真正的力量	一行禪師◎著	280 元
JB0065	夢瑜伽與自然光的修習	南開諾布仁波切◎著	280 元
JB0066	實證佛教導論	呂真觀◎著	500 元
JB0067	最勇敢的女性菩薩——綠度母	堪布慈囊仁波切◎著	350 元
JB0068	建設淨土——《阿彌陀經》禪解	一行禪師◎著	240 元
JB0069	接觸大地——與佛陀的親密對話	一行禪師◎著	220 元
JB0070	安住於清淨自性中	達賴喇嘛◎著	480 元
JB0071/72	菩薩行的祕密【上下冊】	佛子希瓦拉◎著	799 元
JB0073	穿越六道輪迴之旅	德洛達娃多瑪◎著	280 元
JB0074	突破修道上的唯物	邱陽・創巴仁波切◎著	320 元
JB0075	生死的幻覺	白瑪格桑仁波切◎著	380 元
JB0076	如何修觀音	堪布慈囊仁波切◎著	260 元
JB0077	死亡的藝術	波卡仁波切◎著	250 元
JB0078	見之道	根松仁波切◎著	330 元
JB0079	彩虹丹青	祖古・烏金仁波切◎著	340 元
JB0080	我的極樂大願	卓千拉貢仁波切◎著	260 元
JB0081	再捻佛語妙花	祖古・烏金仁波切◎著	250 元
JB0082	進入禪定的第一堂課	德寶法師◎著	300 元
JB0083	藏傳密續的真相	圖敦・耶喜喇嘛◎著	300 元
JB0084	鮮活的覺性	堪千創古仁波切◎著	350 元
JB0085	本智光照	遍智　吉美林巴◎著	380 元
JB0086	普賢王如來祈願文	竹慶本樂仁波切◎著	320 元
JB0087	禪林風雨	果煜法師◎著	360 元

衆生系列　JP0074

因果，怎麼一回事？〔本書為《都是因果惹的禍？》暢銷增訂版〕

作　　者／釋見介
內頁插圖／釋見澈
編　　輯／游璧如
業　　務／顏宏紋

總 編 輯／張嘉芳
出　　版／橡樹林文化
城邦文化事業股份有限公司
台北市民生東路二段 141 號 5 樓
電話：(02)25007696　傳眞：(02)25001951
發　　行／英屬蓋曼群島家庭傳媒股份有限公司城邦分公司
台北市民生東路二段 141 號 2 樓
客服服務專線：(02)25007718；(02)25001991
24 小時傳眞專線：(02)25001990；(02)25001991
服務時間：週一至週五上午 09：30 ～ 12：00；下午 1：30 ～ 17：00
劃撥帳號：19863813；戶名：書虫股份有限公司
讀者服務信箱：service@readingclub.com.tw
城邦讀書花園網址：www.cite.com.tw
香港發行所／城邦（香港）出版集團有限公司
香港灣仔駱克道 193 號東超商業中心 1 樓
電話：(852)25086231　傳眞：(852)25789337
E-mail：hkcite@biznetvigator.com
馬新發行所／城邦（馬新）出版集團
【Cité (M) Sdn.Bhd. (458372 U)】
41, Jalan Radin Anum, Bandar Baru Sri Petaling,
57000 Kuala Lumpur, Malaysia.
Tel: (603) 90578822
Fax:(603) 90576622
email:cite@cite.com.my

版面構成／歐陽碧智
封面設計／周家瑤
印　　刷／中原造像股份有限公司

初版一刷／ 2013 年 4 月
初版五刷／ 2018 年 4 月
ISBN ／ 978-986-6409-55-4
定價／ 240 元

城邦讀書花園
www.cite.com.tw

國家圖書館出版品預行編目資料

因果，怎麼一回事？/ 釋見介著 . -- 二版 .
-- 臺北市：橡樹林文化，城邦文化出版：
家庭傳媒城邦分公司發行 , 2013.04
面；　公分 . --（衆生系列；JP0074）
ISBN 978-986-6409-55-4（平裝）

1. 因果

220.1　　102005425